教育部中外语言交流合作中心 2021 年国际中文教育创新资助项目"国际中文教育线上教学案例库建设研究"(21YH012CX2)的研究成果

华北理工大学教学改革重点项目"新文科背景下汉语国际教育专业劳动技能课程及教材建设研究"(ZJ2125Q)的研究成果

国际中文教育线上教学案例研究

主　编　李东伟　田　静　沈莉娜
副主编　刘慧青

哈尔滨工业大学出版社

内 容 简 介

线上教学经过多年的发展和创新,逐渐成为汉语国际传播的新路径。通过课上观察和课后访谈,本书从华北理工大学 2019、2020、2021 级三届硕士研究生中收集了线上中文教学案例,经过专家研讨和筛选,选取 23 个优秀案例进行分析,并从国内外聘请专家给予指导和点评。

本书适合汉语国际教育专业本科生、硕士生和从事国际中文教育工作的青年教师使用。

图书在版编目(CIP)数据

国际中文教育线上教学案例研究/李东伟,田静,沈莉娜主编. —哈尔滨:哈尔滨工业大学出版社,2023.6

ISBN 978－7－5767－0894－3

Ⅰ.①国… Ⅱ.①李… ②田… ③沈… Ⅲ.①汉语-对外汉语教学-网络教学-教学研究 Ⅳ.①H195.4

中国国家版本馆 CIP 数据核字(2023)第 136593 号

策划编辑	闻　竹
责任编辑	马　媛
出版发行	哈尔滨工业大学出版社
社　　址	哈尔滨市南岗区复华四道街 10 号　邮编 150006
传　　真	0451－86414749
网　　址	http://hitpress.hit.edu.cn
印　　刷	哈尔滨久利印刷有限公司
开　　本	787 mm×1 092 mm　1/16　印张 13.5　字数 270 千字
版　　次	2023 年 6 月第 1 版　2024 年 5 月第 2 次印刷
书　　号	ISBN 978－7－5767－0894－3
定　　价	92.00 元

(如因印装质量问题影响阅读,我社负责调换)

前　言

目前，外国留学生学习中文主要途径有两个：一个是传统的线下教学，包括外国留学生来中国学习中文和中国教师赴海外教授中文两种形式。另一个是在线教育，即外国留学生身处自己国家，通过网络在线上学习中文。国内有关国际中文教育线下教学的研究成果较多，包括案例的收集和整理等，而线上教学的研究成果相对有限。线上教学的教学法、教学模式、教材和对教师的素质要求均有别于线下。为了更好地取得线上教学的研究成果，线上教学案例的收集、整理和研究工作十分有必要。

线上教学如何开展才能更科学、合理，线上教学面临的新的教学管理问题如何解决，线上教学对教师提出了哪些新的素质要求等，均是学界和教育教学工作者面临的新挑战。线上教学案例均来自教学一线，这些真实的案例将线上教学问题产生的背景展示得十分全面，线上教师对线上教学问题的灵活处理，能够为教学法、教学模式的创新带来启发，能够为线上教师新的素质要求等相关课题的研发提供借鉴经验。当然，也有部分案例展示的仅是矛盾和困难，主讲教师在课堂上并未找到合适的解决方案，或是解决得不尽如人意，这为我们后续研究提供了很多新的选题。总之，国际中文教育线上教学案例为国际中文教育线上教学理论的形成奠定了较好的基础。

本书能够为汉语国际教育专业的本科生、硕士生和博士生提供真实的教学实例，辅助其理论学习。国际中文教师在为汉语国际教育专业的学生开展理论教学时，可采用案例教学法，适当引入线上教学案例，因为较多学生，实习时或毕业后从事的是线上教学工作。国际中文教育线上教学案例教学法是一种以线上教学案例为基础的教学方法。它以师生协同合作为基础，精心设计一系列以学生为主体的教学活动。针对汉语国际教育专业学生开展的线上教学案例教学法，能够让学生有一种身临其境的感觉，调动其学习的积极性和主动性，培养其分析和解决问题的能力。线上教学案例教学法具备明确的针对性、良好的启发性和较强的实践性。

本书既可为国际中文教育理论研究打下坚实基础,也可为实践教学提供案例支撑。望本书的出版,能起到抛砖引玉的作用,引起更多专家学者对国际中文教育的关注和思考。

编 者

2023 年 5 月

目　　录

你喜欢这个中文名字吗？ ………………………………………… 1

语音教学切忌"吹毛求疵" …………………………………………… 8

学生给的"展览"，我真的不想看！ ………………………………… 18

第一堂线上汉语生词课 …………………………………………… 28

"中国风"似乎难以实现？ ………………………………………… 34

三缄其口——语言学习的大敌 …………………………………… 40

我的第一堂线上汉语课 …………………………………………… 49

送你一朵小红花 …………………………………………………… 65

一场有关"爱情"的"破冰行动" …………………………………… 76

手忙脚乱的练习课 ………………………………………………… 85

慌乱的采访 ………………………………………………………… 94

一手抓娃娃，一手抓爹妈 ………………………………………… 102

学生分享欲太强怎么办？ ………………………………………… 109

被"打脸"的一堂课——"666"？太"low"了！ …………………… 116

线上活动欢乐多 …………………………………………………… 127

一幅地图贯穿的课堂 ……………………………………………… 139

学生拍手称赞中国民族乐器太迷人 ……………………………… 148

我喜欢参与线上课堂互动 …………………………………… 157

老师,讲慢一点儿,我们听不懂! …………………………… 166

一个人的独角戏 ………………………………………………… 175

沉默是"金"? …………………………………………………… 184

比沉默更尴尬的是…… ………………………………………… 192

你方唱罢我登场 ………………………………………………… 201

参考文献 ………………………………………………………… 207

你喜欢这个中文名字吗？

导读：许多汉语学习者都希望拥有一个地道的中文名字,那么教师如何为学生取一个既合适又好听的中文名字呢？下面我们一起走进罗老师的线上汉语课堂,去看一看在第一堂课上,教师为学生取了什么名字,学生喜欢自己的中文名字吗？

案例背景

教学环境：在"互联网+"背景下,国内外大、中、小学的很多教学活动转移到了线上。2020年,我通过国家汉语国际推广领导小组办公室(以下简称"汉办")的选拔,为匈牙利佩奇大学中医孔子学院(以下简称"佩奇孔院")的学生开展汉语教学。我们本批次志愿者并未被派往匈牙利,而是在国内借助线上教学平台实施远程汉语教学。

教学对象：佩奇孔院一年级学生,班级人数10～15人,大多是匈牙利籍,少数来自其他国家,如摩洛哥、阿尔巴尼亚、老挝。年龄在18～20岁,女生居多,汉语水平多为零基础。该班级的汉语课是选修课,没有学分。

教学方式：Microsoft Teams 线上平台直播教学。微软公司研发的智能团队协作工具 Microsoft Teams 具有聊天、举办会议、上传文件、屏幕共享、画笔标注、录屏等功能。

教材：本次案例课程所用教材是北京语言大学出版社出版的由姜丽萍主编的系列教材《HSK标准教程》。该系列教材体现了以学生为中心,强调小组合作学习,突出交互学习、任务型语言教学和主题式教学的特点,主要以汉语水平考试大纲为依据,共分为六个等级,并配有练习册,设有单独的交际练习。本案例课程所用教材为《HSK标准教程1》,适合没有系统学习过汉语的零起点学习者及准备参加 HSK 一级考试的学生。

案例描述

"It's too stupid!"伴随着一句抱怨,尴尬的气氛在屏幕两端弥漫开来,课堂瞬间陷入了沉寂。

这还要从我的第一堂课说起。在正式上课前,佩奇孔院的教学秘书为汉办教师和志愿者们召开了一次线上视频会议,演示了线上平台 Microsoft Teams 的使用流程,并向我们明确了第一节汉语课的三个要求:向学生们明确课堂规则、为学生们取中文名字、布置课后作业。接着,教学助理将选修汉语课的学生名单分别发送至各位教师的微信。汉语综合课 HSK-1("汉语1")由两名在中国的志愿者负责授课,我负责第一组的"汉语1"课程。我的班级一共有 15 名学生,由于线上教室人数限制及学生选课时间的差异,共分为两个小组,第一小组 10 人,星期一和星期三上课,第二小组 5 人,星期二和星期四上课。拿到学生名单后,我简单地浏览了一下,用翻译软件大致查询了每名学生名字的发音,接着就开始准备第一节课的教学内容。

第一次上课那天是星期一,我早早便坐在计算机屏幕前,准备好上课材料,多次浏览 PPT 以确保万无一失。打开计算机,登录线上平台,打开摄像头和麦克风设备,内心既满怀期待,又略带紧张。终于,第一名学生的头像出现在平台界面,我们隔着屏幕用简单的英语打招呼,接着第二名、第三名、第四名……名单上的学生都到齐了。通过简单的问候和自我介绍,我可以感觉到,学生们略带羞涩,但也能感受到他们对中华文化的好奇与向往。

由于学生的汉语水平大都为零基础,第一节课我打算使用中英双语教学。正式上课前,根据教学秘书的要求,我首先向学生们明确了课堂纪律和成绩考核标准,此时的课堂气氛略显紧张。接着,我转换成轻松的语调,询问学生们有没有中文名字,大多数学生都回答"No",我继续追问:"你们想要一个中文名字吗?"学生们纷纷回答:"Yes!"

一名名为 Hoffer Zsanett 的匈牙利籍学生最为积极,举手开麦,请我为她取一个中文名字。由于我并没有提前查询他们名字的含义,也没有提前为他们取好中文名字,只得迅速瞄了一眼,看到这名学生名字中有"sa"这两个字母,鉴于她是一名女生,于是我急中生智,询问学生:"'莎莎'这个名字怎么样?"没想到学生回答说:"It's too stupid!"

虽然无法看到学生的表情，但她语气的冷峻、态度的坚决、不满的情绪瞬间充斥了整个屏幕，那一刻时间好像静止了。屏幕前，我的脸一直红到耳后根，课堂气氛也异常紧张……为了避免尴尬升级，我不敢再为其他学生取中文名字，只是在屏幕前用微笑来掩饰内心的慌乱，我佯装淡定地对学生们说："哦，Hoffer Zsanett 不喜欢这个名字。没关系，下次上课时，老师多准备一些好听的中文名字，让你们自己选择。"万幸的是，对于中文名字，学生们没有再提出异议，我们也顺利开展了第一次课的学习。但是，经历了这场"取名风波"，我发现下一次参加在线课堂的学生人数减少了一半……

教学反思

俗话说："良好的开端是成功的一半。"第一节课至关重要，是拉近师生情感距离、培养学生汉语学习兴趣的良机。因为重要，所以师生双方都非常重视。新手教师在上第一节课时，内心感到紧张是十分正常的。线上教学时，教师对平台操作不够熟悉、教学经验不足、与学生的交流存在时空限制等因素增加了授课的困难，因此，这就更要求新手教师做好充分的课前准备。

"凡事预则立，不预则废。"由于我没有做好充分的"预"，所以第一节课就表现得不尽如人意。在汉语作为第二语言的教学中，为了充分融入目的语环境，汉语学习者都希望能够拥有一个自身专属的中文名字。那么，为汉语学习者取中文名字时，需要考虑哪些因素呢？应该采取怎样的办法呢？

第一，可以结合学生的兴趣爱好和其原有名字的特点为他们取中文名字。即使是通过线上平台开展汉语教学，与学生之间存在时空限制，也可以寻求多种途径进行解决。如通过线上平台发布调查问卷了解学生的国籍、姓名、兴趣爱好等基本情况，寻求佩奇孔院教学秘书的帮助，请他们翻译学生名字的具体含义，经过分析为每一名学生取一个合适的中文名字。

第二，为学生取中文名字需要尊重学生自身的想法，采用师生沟通、协商的方式确定。可以让学生参与到取中文名字的过程中，让他们拥有主动权，而不是被动接受。课前设置一个中文名字专题，先为学生讲清楚中国人姓名的构成，再提供一些合适的姓氏和名字，为学生讲解其文化含义，让学生在课后自由选择自己喜欢的中文名字，下节课再向大家介绍。

第三，利用学生的中文名字在潜移默化中促进其汉语学习。取一个学生喜欢并符合他们自身兴趣爱好的中文名字，可以增强他们对中华文化的认同感，这对其汉语学习大有裨益。在线上汉语教学中,教师可使用学生的中文名字进行情景举例,助力汉语教学效率的提升。

总而言之,在远程汉语教学中,为汉语学习者取一个合适的中文名字是一门大学问,需要汉语教师考虑多方面因素,克服线上教学的多重困难,充分了解每一名学生的性格特点和需求。一个好的中文名字,有助于提升学习者对中华文化的认同感,增强其汉语学习兴趣。

教学建议

课前准备阶段,教师需要通过各种媒介,提前与学生进行线上沟通,充分了解学生的兴趣爱好,结合他们的自身特点来取中文名字。

第一节汉语课,教师需要提前做好预案,提升应对课堂突发情况的能力,并能够巧妙处理,课后及时反思,虚心向优秀教师请教经验。

即使身处国内进行线上汉语教学,教师也应多请教专业人员,努力学习第二语言学习者所在国家的语言文化知识,具备跨文化交际能力,有效解决工作中出现的各种问题,拉近师生距离,顺利开展教学。

专家点评

罗老师的首堂线上汉语课遭遇了"意料之外"却也是"情理之中"的尴尬事件。在此次事件中,罗老师在课前准备、课中应对、课后补救等各环节均存在"硬伤",最终不仅导致当事学生反应强烈,更造成第二次课出勤人数锐减的后果。那么,罗老师在课前、课中、课后的做法究竟存在哪些问题呢?我们一起来分析一下。

首先,课前准备不充分。佩奇孔院的教学秘书在课前的线上视频会议中已明确提出教师首堂课的任务之一是为学生们起中文名字,这说明院方对此事是较为重视的。但这似乎并未引起罗老师的关注,她在课前没有投入足够的时间和精力研究此事,仅仅使用翻译软件大致查询了学生名字的发音,未对学生的姓名细致分析,也未对学生的情况进行深入了解,这样"仓促上阵",为首堂课的"取名风波"埋下了伏笔。

其次,课中应对不专业。教学过程中,在几乎未做任何准备的情况下,罗老师"贸然"询问学生是否有中文名字、是否想要一个中文名字,这不是有备而来,仿佛更像是教师为了缓和课堂气氛而采取的应对方式。到此,罗老师一步一步走进了自己给自己挖的"陷阱"中。在"急中生智"为一名学生取了一个中文名字之后,面对该生的强烈反应,受自身教学经验不足、初次授课过于紧张、线上教学环境限制等因素的影响,罗老师未能很好地应对,没有向该生和其他学生做出任何解释即否定了自己的想法,极有可能给学生留下态度随意、不专业的负面印象。

最后,课下补救不及时。对于课上的突发"事故",罗老师并没有予以足够重视,没有意识到该事件可能会给学生造成的影响,课后没有积极反思,更没有及时与学生沟通、交流,寻找问题产生的原因,从而妥善处理,错失了化解误会的时机。由于首堂课没能"服众",第二次上课学生人数锐减,出勤率大幅下降也就不足为奇了。心理学中的"首因效应"在这则案例中体现得非常明显,可见教师给学生留下的第一印象有多么重要。其实这件事情如果是发生在线下课堂上,当罗老师直面这个冲突时,想必一定会及时向学生做出解释并安抚学生的情绪,但遗憾的是,面前的屏幕给师生双方筑起了一道"心墙"。这个事件也提醒我们,线上教学课堂虽是虚拟的,但是学生的情感却是真实的,教师要时刻留意学生的动态,关注他们的情绪变化,切不可"掩耳盗铃"。

给外国学生起中文名字,看似是件小事,实则意义重大,其中大有文章,教师切莫掉以轻心。线上教学中教师与学生的直接沟通受到一定限制,但这并不意味着没有解决的途径,不意味着教师就"难以作为"。教师可以在课前、课中、课后各个环节采用相应的方法来弥补线上教学沟通的不足。

第一,课前做足功课,不打无准备之仗。关于从哪些方面做准备,罗老师在"教学反思"里已经为我们提出了许多好的建议,例如课前在线上平台上发布调查问卷,提前了解学生的基本情况;充分尊重学生的意愿,让学生积极参与进来,而非只是被动地接受;寻求孔子学院教学秘书的帮助;等等。曾在匈牙利罗兰大学孔子学院任教的祝敏老师,她也曾经遇到过要给学生取中文名字的情况,她在为学生起中文名字时的一些做法非常值得我们借鉴。例如,在取名前,祝老师对学生的个人意愿进行了调查,发现有90%的学生愿意得到一个中文名字,其中30%的学生希望得到一个地道的中文名字,另外60%的学生则希望中文名字既地道,又能与自己的母语名字有语音上的联系。这样的调查结果为祝老师的前期准备提供了重要的参考。在取名时,祝老师结合匈牙利语和汉语的发音差异及学生的个人特点,一方面将语音教学融入其中,另一方面将名字的含义与学生的喜好相结合。例如,匈牙利学生难以区分汉语拼音"x"和"sh",祝老师就为两名姓Sarhany的学生分别取了"沙"和"夏"两个姓氏;匈牙利语中的辅音是不区分送气和不送气的,学生对此很难把握,班里有两名叫Petra的女生,祝老师就分别为她们取了"贝贝"和"佩佩"两个名字,并叮嘱全班同学,一定要注意区分"b"和"p",不然就叫错人了。再比如,班里有一名男生热爱武术,祝老师就为他取了一个颇具侠气的名字——孙云龙,学生欣喜不已。祝老师的这些做法能够为我们提供很多启发,尤其值得新手教师借鉴。给外国学生起中文名字属于一种跨文化交际活动,需要注意可能存在的一些语言问题。新手教师要多与本土教师交流,向经验丰富的教师请教,这样能够有效避免误会和矛盾。总而言之,教师在对待取名这件事情上,一定要抱着真诚的态度,足够重视,就像祝敏老师所说的,"尊重"和"用心"是教师给学生取名时的两个技巧。

第二,课中沉着应对,提升专业素养和应变能力。案例中的课堂冲突是由教师准备不足和预设失误而引发的非预设事件。罗老师按照中国人的传统思路,为学生取了"莎莎"这样一个中国人普遍认为儒雅可爱、温柔美丽的名字,没想到学生非但"不领情",反而态度强硬地表示拒绝。学生出现这样的反应已经明显影响了课堂教学的正常进行,教师在这种情况下必须对此做出积极、合理的回应。例如,向该生和其他学生解释"莎莎"这个名字蕴含的美好寓意及其在中国的受欢迎程度,可以通过具体实例让学生进一步了解。此外,还可以告诉学生课后将通过问卷调查的方式了解他们的个人意愿,请学生参与取名的过程。总之,教师冷静、专业的态度是赢得学生理解与尊重的前提与基础,对突发状况处理得当,消极的非预设事件甚至能够转化为积极的教学资源。

第三,课后及时反思,积极关注学生的情绪状态。与经验丰富的教师相比,新手教师极易将全部重心放在教学上,往往只关注教学内容,容易忽视学生的即时反馈和情绪问题等。加之线上课堂较难及时观察到每名学生的动态,为教师了解学生的真实情况增加了难度。而学生一旦出现情绪问题,教师又没能妥善解决,就会给课堂教学造成负面影响。因此,新手教师在注重教学内容的同时,也要兼顾学生的表现,有意识地提高对学生反馈"信号"的敏感度和重视度,遇到问题及时沟通,及时解决。本案例中,罗老师在课下应该积极补救,及时跟这名学生联系,寻找引起学生反感的原因。时过境迁,我们无法再向这名学生求证真实的原因,只能在合理范围内进行推测,比如,我们首先会想到汉语中这个词的发音是否在学生母语中有相似音,且具有不好的含义,才导致学生误会,但是本案例中"莎莎"一词的发音在匈牙利语中并没有不好的含义,因此这个原因可以排除;其次是否因为该生已经知道汉语中"傻"的意思,误以为发音相近的"莎"也有不好的意思等。当然,也不排除学生的个人情感因素。总而言之,无论是什么原因造成的,教师都应本着认真负责的态度,及时与学生沟通,积极寻找答案,采取有效措施解决问题。此外,这个案例也启示我们,教师在为外国学生取中文名字的时候,除了考虑促进其汉语学习、帮助其了解中华文化,也要重视跨文化交际的因素,避免由于文化差异而造成误会。

随着中国国力日渐增强、国际影响力逐步提高,越来越多的汉语学习者希望自己能拥有一个好听、地道、内涵丰富、符合自身特点的中文名字,让汉字为自己增添一抹东方神韵。取名其实是中西方文化交流的一个表征,只有越来越多的外国人拥有符合音韵美感且蕴含中华文化玄机的好名字,两种文化的交流才能真正从符号层面深入价值层面。因此,作为汉语教师的我们,作为语言和文化传播交流使者的我们,有责任为学生精心准备适合他们的中文名字,在他们心里种下一颗文化交流和认同的种子,用心浇灌,使这颗种子在今后的岁月里慢慢生根、发芽、茁壮成长。

思考与讨论

- 线上教学中,汉语教师在为学习者取中文名字时,应该提前做好哪些准备工作?
- 你在线上教学过程中是否遭遇过突发状况?你是如何应对的?
- 你怎样看待线上教学中的非预设事件?汉语教师如何将非预设事件转化为教学资源?

语音教学切忌"吹毛求疵"

导读:语音教学作为国际中文教育语言要素教学中的关键环节,应该怎样充分利用线上教学手段来进行?线上汉语语音教学中又会发生怎样出人意料的课堂状况?下面就让我们一起来看看张老师在线上语音授课过程中遭遇的尴尬局面。

案例背景

课型:汉语综合课。

教学环境:教师处于目的语环境,教学对象身在匈牙利,汉语作为第二语言教学。

教学对象:佩奇孔院一年级学生,共8人,男生3人,女生5人,年龄在18~22岁,汉语水平为零基础,学习方式以场独立型为主。

教学方式:Microsoft Teams线上平台直播教学。

教材:本次案例课程所用教材是北京语言大学出版社出版的由姜丽萍主编的系列教材《HSK标准教程》。本案例课程所用教材为《HSK标准教程1》,适合未系统学习过汉语的零起点学习者及准备参加HSK一级考试的汉语学习者使用。进入21世纪,第二语言教学的理念已经进入后方法时代,强调小组学习、合作学习,交际法、任务型语言教学法、主题式教学法成为教学的主流方法,培养学习者的语言综合运用能力成为教学的总目标。《HSK标准教程1》在编写过程中体现了以下特点:

(1)以学生为中心,注重培养学生的听、说、读、写的综合运用能力。

(2)融入交际法和任务型语言教学法的核心理念。

(3)体现了主题式教学法的理念。

案例描述

语音是汉语语言要素教学的重要组成部分,语音教学也是汉语教学的起点与基础,同时,语音教学也是最令我头疼的一个环节。

语音部分作为每一课的初始部分,每次都让我产生一种"谈音色变"的畏惧心理,一度成为线上汉语教学中一个难以跨越的坎儿。每当讲授语音时,课堂中总会发生一些意想不到的突发状况,课堂气氛也会急剧下降至冰点,让作为线上汉语教师的我经常面临尴尬瞬间。

虽然在备课时我会认真地搜集、观看一些优秀教师关于语音教学的课堂实录,但是每次一到我自己上课,总有施展不出的无力感。下面这个令人局促不安的课堂状况,就来自一节课的语音教学部分:

故事发生在讲授第三课"你叫什么名字"的课堂上。上课时间到了,我准时打开了 Microsoft Teams 软件,学生们也都陆续进入了会议室,于是我开始逐一点名。因为在期末考核中,出勤率占30%的分值,所以上课前点名是我每节课都要进行的环节。

这个班一共有8名学生,所以点名仅仅花费了十几秒。点名完毕后,我操着热情洋溢、亲切温柔的腔调,用不含任何复杂词汇的汉语进行了简单的组织与导入:"同学们好,欢迎来到张老师的汉语课堂,现在我们开始上课。"上课伊始,亲切的开场有助于拉近师生间的距离、缓解彼此的陌生感、培养良好的感情基调,也可为接下来教学的顺利开展营造和谐自然的课堂气氛。但是,意外出现了……

事件的主人公是一名叫作 Nowrin 的22岁女生。第三课第一部分的语音教学内容是发音辨析,要求学生能够正确地区分声母 j、q、x 和 zh、ch、sh。在我用英语简单介绍完这6个声母的发音方法和发音部位后,便开始让学生认真聆听我的朗读示范。每个声母我进行了3次范读,在读的过程中我尽力夸张发音,争取让学生通过屏幕能够清楚地看到我的口型和舌位变化。

接下来,我让学生们齐声跟读。在齐声跟读时,几乎没有出现发音不规范的现象,就算有也可能被大家的声浪掩盖了下去。

然后,我进行了点读,结果在点读的过程中,我发现学生 Nowrin 的发音存在很大问题。于是我便准备花大力气纠正她的发音,让她读准这6个声母。

我让其他学生关掉了摄像头,独留 Nowrin 一个人跟我对视,当时她有点儿难为情,我劝她不要紧张,并为她做发音示范,让她认真观察我的口型。为了让她有一个更加直观的感受,我还特地加上了手势的配合和适当的讲解,然后让她模仿我的发音,我读一遍她读一遍,但即使是这样,我依然发现她的发音还是不到位,跟标准发音还是相差很远。

这时,我突然想到学生已经学习了声母 z、c、s 的发音,在学习 z、c、s 的时候,班里的学生没有存在发音不到位的现象,也就是说 Nowrin 可以发好 z、c、s,于是我立马采取了"带音法",让她先发 z 的音,并告诉她在发 z 的基础上尝试把舌头卷起来,就可以发出 zh 的音了。同样,可以利用 c 和 s 的发音方法发 ch 和 sh 的音,我本以为带音法可以很好地解决她发音不标准的问题,没想到,她的发音变得更加不标准了,听起来特别搞笑,我禁不住发出了笑声,屏幕上的她一脸难为情。

为了缓解尴尬,我给了她 5 分钟自由朗读的时间,5 分钟后我再检查她的发音情况。在这 5 分钟里,我明显感觉到其他学生开始躁动,有的甚至开始吃东西,还有的发出了嘲讽的声音,我一次又一次地维持课堂秩序,但是效果不佳。

5 分钟过去了,我让 Nowrin 打开摄像头朗读这 6 个声母,这时 Nowrin 仿佛没听到我的指令,死活不打开摄像头,我一次又一次地确认她是不是在屏幕对面,但是没有人回应我。其实,通过参会人员的头像,我知道她就在屏幕对面。这时大家也好像都感觉到了异样的气氛,学生们一言不发,课堂变得异常安静。

为了打破这个令人不安的局面,我问有没有人能主动为 Nowrin 同学做个示范,朗读一下这 6 个声母,结果依然还是没人回应我。这时学生们都关闭了自己的摄像头,徒留我一个人在屏幕前孤立无援。我突然意识到,在语音部分的教学中,我的做法有点儿过于"吹毛求疵"了,然而我又一时想不到其他破局之法,无奈之下,只能勉强佯笑着说:"同学们,接下来让我们学习词汇部分。"

虽然总算跳过了语音部分,但是在接下来的词汇学习、汉字学习和课文学习环节,Nowrin 再也没发过声,整个课堂也一直笼罩在一种令人不舒服的氛围里。

教学反思

在国际汉语教学初级阶段,语音教学占有重要地位,一般而言,集中的语音训练能让外国学生比较准确地掌握汉语语音的声韵调系统,也可以为接下来的词汇、语法学习打下坚实的基础。因此,每一位从事国际汉语教学的教师,都会很认真地进行语音部分的教学,对学生的发音也会严格要求和规范。但是,严格要求发音不代表不注意方式方法,尤其是在面对学生的发音不规范的情况时,汉语教师一定不能过分"吹毛求疵",不能抓住学生的发音错误不放,无所不用其极地纠正发音。这样做不仅无益于语音教学,还会让学生在学习语音的过程中产生焦虑情绪,进而产生畏难情绪,破坏课堂教学气氛,打破正常的教学秩序,进而影响正常的教学进程。

学生能不能准确地发音受多方面因素的影响,不仅跟学生自身的个体因素有关,还会受到学习者语言背景差异的影响。发音不能急于求成,因此,国际汉语教师在教授语音时,一定要给学生留有足够多的时间去练习发音,多为学生提供丰富、优质的语音材料,让大家多读多听。

国际汉语教师在语音教学环节遇到学生出现发音偏误时,一定要注意纠错的时机,即要在合适的时机进行语音纠错,一般推荐延后语音纠错。比如,可以在课下找到有读音偏误的学生单独进行纠错,最好不要在课堂上当众纠错,因为当众纠错容易伤害学生的自尊心。对于国外学生而言,汉语语音掌握起来确实会较为吃力,时机不当便会打击学生学习汉语的积极性与学习热情,最终将不利于汉语教学的顺利开展。

纠正学生的发音偏误不是一蹴而就的,需要汉语教师自身必须具有扎实的汉语语音系统方面的本体知识,深悉语音教学理论,同时能够将理论进行具体化、形象化、生动化的处理;需要掌握各种汉语语音教学方法和技巧,例如演示法、对比法、夸张法、手势模拟法、拖音法、带音法等。

教学建议

一、精讲多练

国际汉语教学属于第二语言教学,其课堂任务不仅仅是传授语言知识,更是为了训练教学对象的语言技能。因此,教师在汉语教学中应少量使用学生的母语和其他媒介语,而尽可能多地使用汉语,以营造目的语交际的语言环境。不过,教师在教学语言的把控上也要根据学生的实际水平寓教于无形,使学生开启沉浸式学习,使其尽可能多地理解与运用。

二、循序渐进

在教学过程中,学生根据教师的指令进行一系列听、说、读、写方面的练习。教师可根据学生的特点及出现的问题,按照循序渐进的原则,有计划地安排各阶段的主要授课内容并确定各阶段的学习侧重点、难点。

三、温故知新

在教授汉语语音阶段,最好是通过词汇、句子、课文、练习来讲解语音知识,同时,分析学生在学习中遇到的问题,这样有针对性地讲解,不仅能起到巩固的作用,还能引出新的知识,使学生做到温故知新。

四、音形结合

语音的教学内容相对来说比较枯燥乏味,容易引起学生的厌烦情绪,教师应充分利用各种教学手段组织教学,采用视觉和听觉相结合的方式,以更丰富的教学方式引导学生,如利用身体语言、多媒体、课堂游戏等,使单调的语音教学变得生动活泼,充分调动学生学习语音的积极性。

专家点评

在国际中文教学中,语音教学是教学的起点,也是教学的基础,如果起点过于草率,基础没有打好,必然会影响整个学习过程。因此,国际中文教师非常重视语音教学,不但要将语音教学贯穿于国际中文教学的全过程,而且当学生出现语音偏误时,也会根据实际情况在合适的时机进行语音纠错,防止学生发生语音石化现象。可是语音偏误要不要纠正?怎么纠正?谁负责纠正?什么时候纠正?纠正时是否考虑学生的个人情感?这些问题引起了二语习得领域研究者的关注和深思,也使得纠错反馈(Corrective Feedback)研究成为二语习得研究热点。

纠错反馈研究起源于大规模的课堂观察,将教师反馈方式归纳为30类,并建立了相关的教师反馈分析模型。

一、提供输入

（一）重述

不明确告诉学习者其出现了偏误,而是直接针对学习者的偏误提供正确的目标语。例如:

生:他是我的好朋(béng)友。
师:他是我的好朋(péng)友。
生:他是我的好朋(péng)友。

（二）明确纠正

明确告诉学习者其出现了偏误,并且提供正确的目标语。这种纠错方式能引起学生的关注度,但是会增强学习者的焦虑度。例如:

生:我今天见面我的朋友了。
师:不是我今天"见面我的朋友了",而是"我今天跟我的朋友见面了"。
生:我今天跟我的朋友见面了。

二、提示输出

提示输出就是"不直接给出正确形式,而是提供线索来迫使学习者自我修正"。

（一）引导

通过提问、停顿等方法,引导学习者修正自己的偏误。例如:

师:这件衣服怎么样？用"不但……而且……"怎么说？（展示衣服和价格）
生:这件衣服不但好看,而且漂亮。
师:这件衣服多少钱？贵吗？
生:30元,很便宜。
师:这件衣服不但好看,而且——
生:这件衣服不但好看,而且很便宜。

（二）请求澄清

教师要求学习者重新组织语言，对其偏误进行修正。例如：

生：他走进去教室了。
师：请再说一遍。
生：他走进教室去了。

（三）元语言提示

教师运用手势、图表、语言规则等元语言指出学习者的偏误，但不明确提供正确的形式。例如：

生：出租车比公共汽车很快。
师："比"字句中，形容词的前面一般不能加"很、非常、特别"等副词。
生：出租车比公共汽车快。

（四）重复

教师通过变化语调或其他方式重复学习者的偏误，从而对学习者进行提示。例如：

生：我常常去操场跑步了。
师：我常常去操场跑步了？
生：我常常去操场跑步。

明确纠正、引导和元语言提示为显性反馈，而重述、请求澄清、重复是隐性反馈，其中重述是最常见、最常用的一种隐性反馈方式。

因此，在初级阶段教学中，语音纠错反馈要以显性反馈方式明确纠正、引导和元语言提示为主，以隐性反馈方式为辅。

阿马尔（Ammar，2008）认为初学者的注意能力比较低，需要更明确地向其指明错误所在。布朗（Brown，2009）通过问卷调查表明，初级阶段学习者更喜欢直接、明确的纠错反馈策略。祖晓梅、邓葵（2019）以二语习得的理论和实证研究结果为依据，也指出对初级水平学习者多采用显性反馈方式，能增强他们对教师纠错反馈的更正意图的注意。

1. 要重视重述的纠错反馈方式，综合运用重述与元语言提示

在不同语言形式中，运用相同的纠错反馈方式后，学习者的理解回应率与修正率不尽相同，要根据不同的语言形式采取不同的纠错反馈方式。陆熙雯、高立群（2015）通过实验研究得出结论，重述能够提高学习者的发音正确率，

并且重述对语音规则的习得有显著效果,其对于汉语语音习得的效果,比对词汇和语法习得的效果更好。罗晓岚(2017)比较了海外国际中文教学中六大教师反馈方式对语音的不同反馈效应,结果发现,明确纠正的修正率最高,反馈效果最好,其次是元语言提示、重述,而重复的修正率最低。娄蓉(2019)比较了元语言提示、重述、明确纠正、组合纠错(综合运用元语言提示与重述)、引导对 zh、ch、sh 的不同纠错效果,结果发现,组合纠错效果最好,其次是元语言提示和重述。祖晓梅、邓葵(2019)的实证研究也表明,重述对于语音和词汇等本身显著性强的语言形式及语序、量词等显著性强的语法结构的纠错更简单易行。

可见,重述虽然是隐性反馈方式,但因这种纠错方式不仅委婉含蓄,不伤害学习者的自尊心和面子,不增强学习者的焦虑感,而且在语音教学中可以大大提高学习者的修正率,因此在初级阶段的语音教学中应多采用这一纠错反馈方式。与此同时,组合纠错方式优于单一纠错方式。比如当学生将送气音与不送气音相混淆时,纠错者可运用吹纸法;当巴基斯坦学生不能准确发音时,教师可运用手势,针对学习者的偏误提供正确发音的同时,用手模拟舌头(沈莉娜、张义东、李学欣,2011),既直观形象,又省时省力。在运用元语言提示时,要遵循理论讲解服务于语音纠错的原则,进行理论讲解时要深入浅出,用图片、图示、表格、手势等直观的方式引导学生理解与掌握,而非用媒介语甚至汉语讲解语音知识。但是这些语音知识教师必须心知肚明,尤其是针对不同国别学生的语音教学,要知其然,并知其所以然,比如巴基斯坦学生很难发好韵母"er",是因为乌尔都语中没有卷舌音(沈莉娜、张义东、李学欣,2011)。

2. 针对不同情况应采用不同的纠错时机反馈

根据纠错时机的不同,纠错反馈分为即时纠错反馈和延时纠错反馈。即时纠错反馈是指学习者出现偏误后纠错者马上纠错。延时纠错反馈是指学习者出现偏误后,纠错者不是马上打断学习者进行纠错,而是等学习者语言输出完成后再纠错,它又分为再次解释和其他学生纠错两种。祖晓梅、邓葵(2019)提出的课堂纠错反馈原则之一是纠错者"应掌握即时纠错反馈和延时纠错反馈之间的平衡"。这一原则同样也适用于语音教学课堂,当学习者正在进行大段表达或学习者之间进行情景表演等交流互动时,尽量不要打断学习者,维持交流的连贯性,可等到学习者完成交际任务之后再进行纠错与点评。而当学习者读声母、韵母、拼音、朗读生词、课文,或者与教师进行一个话轮对话时,可以通过手势、图表、对比、提供正确的语音形式等方式,及时进行纠错反馈,让学习者立即知晓偏误所在,进行自我修正。对于那些经过即时纠错反馈学生还未能进行自我修正的偏误,则要再采取延时纠错反馈方式,课下通过一对一纠错或者录制小视频发给学习者,让学习者自我修正。

3. 进行纠错时,纠错者要注意纠错的时间度、容忍度

在语音教学的纠错过程中,不论采用即时纠错还是延时纠错,不论采用显性反馈方式还是隐性反馈方式,都要把握一个度,在课堂上不能一直抓住一名学生的语音问题不放。这是由于跟词汇、语法相比,语音的学习不是一蹴而就的,它需要一个过程,需要大量的训练,不断循环"语音的输入、听辨—语音的输出、发音—语音的输入、听辨"。该案例中教师未能很好地把握这个度,以至于被纠错者不愿意再继续上课,甚至不愿打开视频,其他学生也因被长时间冷落而参与课堂学习的积极性减弱。

4. 纠错主体应为教师

娄蓉(2019)比较了教师的即时纠错和延时纠错中其他学习者纠错对语音纠错的效果,研究结果显示教师的即时纠错好于其他学习者的纠错。这是由于其他学习者纠错效果的好坏与其发音是否标准有一定的相关性,如果其发音不标准,会导致被纠错者自行修正后所发的音仍然不标准。

5. 纠错反馈时,要充分考虑学习者的个体因素与纠错者的态度

罗晓岚(2017)通过调查问卷发现,教师的教学风格、教学语言、学习者的态度等对反馈效果有影响。祖晓梅、邓葵(2019)提出,对于焦虑程度高的学生,要尽量使用隐性反馈方式,而且可通过鼓励学习者的交际意愿、营造轻松愉快的课堂氛围、对学生正确的语言表达给予积极肯定等方式降低学习者的焦虑度。可见在进行纠错反馈时,第一,纠错者既要态度和蔼、语气温和,还要多鼓励学习者,营造轻松愉快的氛围;第二,要充分考虑学习者的性别、年龄、学习动机、学习能力、焦虑程度等个体因素,因人而异地选择纠错反馈方式。

思考与讨论

- 本案例中张老师的线上汉语语音教学课堂上发生了什么状况?
- 面对这一状况张老师采取了怎样的解决办法?这一办法又造成了怎样的结果?
- 假如你是案例中的张老师,面对类似的课堂状况,你会采取怎样的措施加以解决?

● 请列举国际汉语语音教学课堂中可能会出现的问题,并尝试给出相应的解决措施。

学生给的"展览",我真的不想看!

导读:你遇到过这样的情况吗?在学生上课的时候,家长为他端来热气腾腾的早饭;你想对学生施加管教,却被告知"不要管";你想给学生讲讲五官的普通话发音,但是他全程一个词也没说出来,甚至连跟读都做不到;你想带着学生学习生词、课文,他却无视你的指令,自顾自地展示他所收藏的"好东西"……面对这些情况,作为教师该怎么办呢?

案例背景

教学内容:GAPSK 初级内容。

为应对每年举行的 GAPSK 幼稚园普通话水平考试,案例中的学生报名参加了 Z 企业的付费普通话课程。

案例描述

2020 年初,我通过一系列的培训成功入职到 Z 企业,平时主要工作是教泰国的孩子学习普通话,孩子们的年龄在 5~12 岁,其中以 5~7 岁居多。

小 K 是一个 5 岁孩子,试听课结束以后,我原以为那就是我们之间唯一的一次"缘分"了,所以当市场部的教师告诉我小 K 以后就是我的正式学员了,可想而知我当时有多惊讶。

本以为简简单单的试听课却进行得异常"艰难"。原本市场部的教师和小 K 家长已经约好了试听课的时间,但是我却被放了鸽子……我在空荡荡的视频教室里足足等待了半个小时,最终却等来了市场部教师发来的一个苦笑的表情包,告知我今天的课程取消。后来,家长主动和市场部教师取得联系,又约了一节试听课,所幸的是这节试听课小K乖乖地来了。

虽然他来了,但是上课的效果并不好,至少课程的前半段比较糟糕。

首先是破冰环节,我需要掌握孩子的基本信息,如姓名、年龄等。其实这些信息市场部教师已经给过我,我再次询问的目的一方面是让孩子开口和我说话,拉近距离,另一方面更重要的是我希望通过与他的谈话来判断他目前的普通话水平。但是,他却什么都不跟我说,就好像完全听不懂我在说什么。我试着用简单的英文问他,他还是什么都不说。既然这样,那就直接开始上课吧。

没想到他身旁的妈妈突然用比较大的声音命令他:"快说啊!你没听到老师让你说话吗?"孩子把头低下去,依然没有吭声,他妈妈马上又大声催促他:"快点儿说,没听到吗?"我赶紧出来打圆场:"没关系的,这就是一个基本了解,不是最主要的,来日方长,我们有的是时间了解。你说对吧,小K?"说完这些,孩子的妈妈就离开了房间,孩子抬起了头,我注意到他眼里有泪花,但还是笑着对我点了点小脑袋。我说:"小K,老师就这么叫你了哦,如果可以你就点点头。"因为之前的交流孩子几乎未开口说话,所以为了缓解他的情绪,我也不再做硬性要求。

没想到,当我把课件放出来准备上课时,他开口了!

"老师好,我叫KS。今年5岁了,上幼稚园低班。"孩子带着一点点哭腔告诉我。其实那个时候我挺惊讶的,原来他能够说出这么多内容,顺着他的话,我们又简单聊了几句,就开始正式上课了。试听课的内容是汉语颜色词,学完之后,我拿起身旁的一个彩色玩具娃娃想跟他做练习,他看到我手里的娃娃,做出了一件让我意想不到的事情——跑掉了!我眼看着他离开,大声地喊着他的名字让他回来,但他还是在我的喊声中关上了房间的门……

这时候,助教进入了视频教室,问我怎么了,我告诉他学生跑掉了。他安慰我说,只是试听课,不要太在意。我们互相发了一个无奈的表情,以此来表达内心的情感。他鼓励了我几句,然后就退出了教室,只剩下我自己一个人在空荡荡的"教室"里继续等待。大概过了十分钟吧,小K回来了。

他双手拖着一个超大号的箱子,里面全是玩具,什么颜色的都有。他从箱子里把玩具一件一件往外拿,每拿一样就会对我说出那个玩具的颜色,就这样他说了我们学过的所有颜色词,尽管这时候玩具已经被他堆成了一座"小山",我看不到他的脸了,但是我心里却非常高兴,至少这种方式能让他愿意开口。

学完颜色词,按照课件的思路,应该讲解拼音,但在这个时候他的妈妈再次出现了,手里拿着一个盘子,里面是各种各样的食物。我瞬间反应过来,他这是要在普通话课上"开饭"了。此时,我的手机亮了,我瞥了一眼,发现是助教发给我的消息:"老师,不要管。"

我怕他一边吃饭一边上课可能呛着,所以基本上都是我在说话,自问自答。就这样,试讲时间(30分钟)结束了,他嚼着米饭和我挥手说了再见。关掉视频我立刻就瘫在了床上,叹了口气:"啊,全都结束了!"

然而,事实却是一切并没有结束,这才是最令人难过的,因为这个不好的开篇仿佛早就昭示了一个不圆满的结局。

那一节试听课搞砸了我早上的心情,上完课休息了一会儿,我便约好朋友去公园散心。下午的时候,手机震动了好几下,我点开那些消息阅读,总结为一句话就是早上试听课的小K成了我的正式学员,我要负责他接下来一整年的普通话课程。

我不知道小K对普通话课或我的态度如何,说他喜欢我吧,他却从来不听我讲课,说他讨厌我吧,但我又好像总能激起他的分享欲。通过给小K上课,我知道了他家的各种小物件。每一节课他都会向我展示,包括但不限于他家的小凳子、他自己的及他父母卧室的台灯、他喜欢的西柚味的香皂、他家一整套的洗脸盆,我甚至还知道了小孩子的皮肤柔软到可以把嘴角几乎扯到脸颊的尽头,5岁的小朋友有能力对着镜头数清楚自己的牙齿……这些都是我的学生小K让我了解到的。我试图让他回归课堂,停止这些与教学无关的展示,但他的耳朵里似乎装了过滤器,我的好言相劝根本不起作用。有很多次,我和他反复确认是否能听到我的声音,他都会点点头,但对于我的回应也仅限于此。有几次我尝试提高声音,暗示他身边的保姆来约束他,但保姆好像什么也没听到。

我并未放任小K对着我做与教学无关的展示,我也尝试着去约束他,比如他毫无征兆地跑出去时,我还是会喊他回来,而事实往往是他头也不回地关上了房门……我做的事情看起来毫无意义。

后来,我试着和小K做君子协定,约好上课时不乱叫、不乱跑、不乱闹,在做约定的时候,小K会真诚地用力点头。每次他认真点头的瞬间都让我无比感动,但事实上这个5岁的小朋友没有任何"契约精神"。我也试过给他听儿歌、看视频、语言鼓励、做游戏等,所有我能想到的、能够吸引他注意力的事情,我几乎都试过一遍,但好像永远都是他是他、我是我。每一次给小K上完课,我都觉得特别累,非常疲惫。

我一直认为没有学不好的学生,只有教不好的教师,所以我一直在努力地朝着自己心中那个合格、成熟的中文教师前进,但在教小 K 的过程中,我好像陷入了无法解决的职业困境。

后来,我申请了学校的海外汉语志愿者教师项目,因此向 Z 企业请了一个月的假,企业也为小 K 安排了一位代课老师。一个月的时间一晃而过,企业协助我重新接手之前的学生,在替我进行安排时,教务教师跟我反映小 K 更愿意和新的老师一起学习,至此,小 K 成了唯一一个没有重回我课堂的学生。

说实话,对于这个结果,我预料到了。我想在我很多次情绪低落、面对他的行为无所适从的时候,那个看似在捣乱的他其实也能感受到我的迷茫和失落吧……我并不为此感到遗憾,反而为他找到了更合适的老师而感到开心。在这个过程中,我没有后悔,虽然自己的知识水平、专业能力有限,但我一直在尽自己最大的努力给小 K 上课,遗憾的是,我最终还是没能找到恰当的方式。

"路漫漫其修远兮",在成为一名更好的中文教师的路上,我有太多的知识需要学习、太多的实践需要去参与。尽管我已经没有办法再和小 K 共同成长,但是我希望他能够跟着更适合他的老师走得更远。我也意识到,孩子的世界单纯而美好,能够成为他们的老师是一件幸福的事情,但这并不意味着是一件简单的事情。未来的路很长,我想我一定可以掌握与这些小朋友正确相处的方法,加油吧!

教学反思

在整个教学过程中,我面临着一个很尴尬的处境——学生不听课,家长不配合。在这样的情况下,线上课堂教学出现了一系列问题,最突出的问题就是课堂管理失效。那么,课堂上为何会出现这样的问题呢?经过反思,我认为这是由主观和客观两方面的原因导致的。

一、主观因素

(一)心理准备不充分

第一次试听课家长与学生爽约我便应该有所察觉,即家长和学生的时间观念可能不强,如果他成为正式学员,需要采取相应措施来约束。在第二次试听课中学生出现问题行为时,我并没有积极面对并采取相应措施,而是抱着消极的态度直到试听课结束,以至于在后续的正式课程中,学生出现了越来越多的问题,而这些问题均没有得到有效解决。实际上,在面对学生的问题行为时,我应当做好心理预设,积极寻求解决办法。

(二) 与外界缺乏联系和沟通

纵观整个教学过程,我遇到了管理学生的困难。比如,学生在课上一直扮鬼脸、随意走动,做了很多与上课无关的事情。在整个过程中,我只是采用隔着屏幕呼喊学生的方式,企图让学生回归课堂,显然,这种方式是无法奏效的,反而会在无形中加重师生彼此间的消极情绪。

在试听课的时候学生有家长陪同,虽然家长在督促孩子学习时所采取的方式有待商榷,但是至少家长会对孩子进行管理。试听课后家长完全缺席孩子的课程,取而代之的是保姆,但是保姆在这个过程中起到的仅仅是陪同的作用,对于孩子的课堂问题行为其监管力度始终是不够的。作为教师的我,面对学生的课堂表现,一方面没有与家长及时进行沟通,另一方面也未曾寻求同事们的帮助。在这样的情况下,每一堂不成功的课在加剧消极情绪的同时,也更加放纵了学生的课堂问题行为。最终,学生选择了新的代课教师作为其后续课程的教师,面对这样的事实我并没有主动联系新任教师,向她请教课堂管理和教学的经验,从某种意义上说是一次学习机会的损失。

(三) 太过敏感、缺乏耐心

我在每一次给小K上课、每一次面对小K的问题行为时都没有展现出应有的专业素质,没有给予小K耐心的引导,反而沉浸于内心的疲惫和情绪的受挫中,甚至对自己的职业素养产生怀疑,实际上这些负面情绪会在无形之中影响到学生,这对师生双方的沟通和互动都是不利的。因此,今后我应该努力提升自身的心理素质和专业素养。

二、客观因素

(一) 企业缺乏对教师和学生的关注

我在一家企业从事中文教学活动,在实际教学过程中,该企业始终没有表现出对教师和学生的关注,这说明企业实际上并不了解教师和学生的实际情况,因此无法在课程实施过程中提供支持和引导,帮助教师改善教学环境。

(二)企业对教师的管理不科学

在小K的试听课上有这样一个细节,孩子在上普通话课,家长给孩子端来了早饭,助教却在第一时间告知我不要管。这无疑影响了我给孩子树立规范的课堂准则,也影响了我对后续教学过程的管理。在后来的教学中,对于如何约束、管理学生,我总是畏首畏尾,害怕企业管理层由于我对学生的严格要求而批评、指责我。

教学建议

一、以解决问题为导向,切莫"感情用事"

新手教师容易受到学生行为、情绪的影响,轻则情绪低落,重则"怀疑人生"。其实大可不必,在面对学生的问题行为时,与其沉浸在消极的情绪之中,积极寻求解决办法才是最高效的手段。积极的解决办法就是沟通,与同事、与学生家长积极沟通。针对这则案例中出现的问题,完全可以向企业的主管教师反映,与有经验的教师或有过相似经历的教师进行沟通,而不是自己一个人沉浸在"悲伤的世界"中。

二、教学不止,学习不停

我在给小K的授课中遭遇的最大困难就是学生问题行为过多,课堂管理失效。教师可以通过定期参加企业的内部培训,获取新的知识,掌握更多管理技巧,总结经验,勇于探索,敢于创新。

三、勇于质疑,敢于实践

案例中的助教让我不要管学生在课上吃早饭的事情,导致我在后续的教学过程中没有严格要求学生,而是采取"睁一只眼,闭一只眼"的方式。实际上,教师在面对不合理的行为与要求时,要勇于质疑,哪怕不当面反驳,也要心中存疑,自行实践,努力探索出一条适合自己的教学之路。

专家点评

俗话说:"良好的开端是成功的一半。"在教学中,有效的课堂管理是一堂课取得成功的重要因素。秩序井然的课堂能够使教学顺利进行,而混乱无序的课堂则会让教学举步维艰。这条"定律"适用于所有形式的课堂教学,而在儿童教学中则体现得更为明显。

相比于线下教学,线上儿童中文教学的课堂管理难度更大。在线上教学虚拟的网络教室里,教师无法直接接触到学生,课堂监控范围十分有限,只能看到学生在摄像头范围内的场景,一旦学生离开"能见区域",教师便无从知晓学生的情况。对于学生在教学过程中出现的种种问题行为,教师似乎也只能借助网络用语言来提醒,而且多数时候都收效甚微。

案例中的学生小K是一名5岁的幼儿,活泼好动是这个年龄段儿童的天性。心理学研究表明,5~7岁的儿童注意力能够稳定保持的时间仅有15分钟左右,而案例中每节课的时长是30分钟,这对孩子来说确实是一个挑战。加之课中教师"鞭长莫及",家长监管缺失,指望孩子一个人在屏幕前老老实实地坐着听课恐怕是难上加难。但即便如此,这名小K同学似乎也表现得过于"活跃"了,除了我们提到的上述因素之外,小K频频无视老师,沉浸在自己的小世界里,还有一个不容忽视的原因,就是家长的教育问题。尽管小K的家长仅在试听课中出镜过,看似"存在感"极低,但实际上,家长的教育方式才是影响孩子课堂表现的那只"隐形的手"。

从案例中我们可以看出,这位家长对孩子的教育至少存在三个方面的问题:教育方式简单粗暴、没有给孩子树立起规矩意识、忽视孩子的情感需求。首堂试听课在未打招呼的情况下,小K及其家长无缘无故地放了任课教师的鸽子,这说明家长和孩子没有时间观念和规矩意识。第二次试听课中,面对孩子一开始的沉默,家长并没有耐心地予以鼓励和引导,而是用大声斥责和命令的方式企图使孩子说话,不难想象,当着陌生人的面尚且如此,那么在日常生活中这样的训斥恐怕更是家常便饭。这种简单粗暴的教育方式极易给孩子的自尊心带来伤害,而小K委屈的眼泪也证明了这一点。试听课后半段,在毫无征兆的情况下,这位家长给孩子端来了食物,这种不恰当的做法在这位家长眼里似乎是"合情合理"的,家长的规矩意识尚且如此淡漠,如何指望孩子遵守规矩呢？在后续的正式课程中，小K的家长再也没出现过，而是把孩子交给了保姆，让保姆"陪伴"孩子上课，这样做的原因是工作太忙还是觉得没有必要陪同，我们不得而知，但是从案例描述的情况来看，小K的父母在物质给予方面并不吝啬，但对孩子的情感关注与耐心陪伴却是十分匮乏的。由此推测，本案例中家庭教育隐藏的问题恐怕是导致孩子上课不配合老师、自控力极差的一个重要原因。

儿童健全人格的形成主要依靠家庭教育和学校教育，而家庭教育又是最为重要的。家长对孩子物质上溺爱，但情感上忽视，教育方式专制，规则教育缺失，很容易导致孩子自我约束力差和专注力低下，这些问题在本案例中展现得淋漓尽致。对于小K的普通话学习来说，在每周仅两次、每次仅30分钟的线上课程中，想要仅仅依靠语言教师的提醒和引导来"扭转乾坤"，显然是远远不够的。但即便如此，也并不意味着教师就真的无计可施、毫无办法，实际上，教师可以通过调整心态、对症下药、寻求支持等方式改善课堂管理的效果，提高教学的成功率。

首先，教师在观察到孩子的种种课堂表现之后不应急于质疑孩子，也不应急于否定自己，不要对自己发出"这孩子是不是故意的？""这孩子是不是针对我？""我是不是就是不行，就是管不住他？"这样的"灵魂拷问"，因为这些想法很容易增加对孩子、对课堂教学，甚至对自己的负面情绪，会使教学效能感大大降低，导致课堂教学陷入一个"无解"的恶性循环中。教师应该保持冷静，进而深入了解情况，客观分析造成孩子如此不配合的原因是什么。在了解的基础上理解孩子的行为，调整好情绪和心态，保持理性、平和、宽容的心态是顺利开展教学的第一步。

其次，教师在了解到问题产生的根源后，要结合孩子的行为特点对症下药。小K的行为特点是爱动、爱闹、不听劝阻、沉迷"分享"，对于这种性格的孩子，教师不要指望通过约束的方式使其做出改变，而应当投其所好。例如，孩子爱展示，那就索性多给他展示的机会。段老师可以在每堂课上拿出3~5分钟的时间，专门用来让小K展示家里的物品，孩子一边展示，教师一边鼓励，并询问："真漂亮！这是什么啊？那是什么呀？"激发孩子的表现欲，引导他开口表达，并趁机教给他所展示的物品用普通话该怎么说，当孩子学会以后再及时表扬。教师甚至可以在每次课结束时和学生约定下次课要展示的内容，例如，告诉学生"下次课你给老师展示展示你的玩具吧""下次课你给老师展示展示你们家好吃的东西吧"等，并让学生"认真准备"，课上教师就可以抓住机会进行普通话输入了。当然,教师要尽可能结合 GAPSK 初级阶段的考试内容和日常交际表达来为学生布置展示内容,课上边展示边学习,寓教于乐。对于小 K 爱动、爱闹的性格特点,教师可以充分利用生动有趣的图片、动画,以及全身反应法来吸引学生的注意力。例如,在教身体部位和面部五官的名称时,可以配合学生喜爱的动画形象的图片或视频进行讲解,待学生理解后,可以利用全身反应法设计"你说我做"的游戏来帮助学生练习,即教师发出指令,学生做动作,再由学生发出指令,教师做动作;此外,还可以带领学生做模仿表情包、制作师生专属卡通形象、我说你画等游戏。总之,要重视游戏的作用,所设计的游戏一要贴合教学内容,二要激发学生兴趣,三要符合学生特点,让学生动口、动脑又动手,在活动、学习的同时训练他的专注力,实现"在玩中教,在动中学",将学生的特点与教学内容完美地结合在一起。

最后,教师应该放下思想包袱,积极寻求多方支持。一个人的力量毕竟有限,儿童课堂问题行为的矫正需要多方的积极努力。教师一方面可以向经验丰富的同行教师或是 Z 企业的管理层寻求帮助,利用外部的有效建议和支持改进教学设计和教学管理方法;另一方面可以通过 Z 企业与学生家长取得联系,向家长及时、客观地反馈孩子的学习情况,为家长讲清楚利害关系,例如,孩子长期这样无法保证学习效果,没有足够的自控力和专注力,是难以应付 GAPSK 考试的,等等,并提出合理的解决建议,用真诚的沟通态度和良好的专业素养积极争取家长的理解、信任与配合。教师还可以设计有针对性的奖励机制,例如与孩子约定,课上表现好课下可以获得相应的奖励,请家长配合教师完成奖励行为,逐步培养孩子的专注力与自控力。

上述几点是为教师提出的建议,其实这几点说起来容易,但是做起来却有难度。教师不仅要有满满的爱心、极强的责任心、优秀的教学能力,还要具备丰富的儿童教育心理学知识,用专业知识武装自己,提高发现问题、分析问题、解决问题的能力,在遇到儿童教学管理问题时能够冷静观察,科学分析,提出有效的对策。教师在案例最后说道:"路漫漫其修远兮。"其实对于立志成为优秀国际中文教师的每个人来说,都有一段漫长而艰辛的路要走,但是在这段旅程中又总能收获幸福和希望。

作为教师,努力提升与修炼理所应当,但不能所有的事情都指望教师个人来完成,外部环境的支持也非常重要。对于案例中的培训机构来说,同样有值得反思和改进的地方。Z 企业的不足之处显而易见,例如,课前没有对教师进行有针对性的、实用的培训,没有建立教师与教师之间、教师与家长之间的沟通渠道,过于注重利益而忽视了对课堂的管理,没有针对学生的实际情况制作个性化的教学课件……一系列的问题导致教师,尤其是新手教师在教学中畏首畏尾、束手束脚,很难发挥自主性与创造性。

　　成为真正助力国际中文教育事业发展的良心企业,一是要完善教师培训制度,对教师的教学行为和教学效果进行监督、评价和研讨,为教师提供发展的空间和路径;二是要加强教务管理,所安排的助教应该切实起到"助"的作用,助教应能够解决课堂突发状况,帮助教师与学生家长、企业负责人及时沟通等;三是要重视教学资源的研发,一方面加大研发力度,组织专业的教研团队对教学资源、教学课件进行精心打磨,力求制作出符合不同学习者需求和特点的教学课件,另一方面建立奖励机制,鼓励教师自主创作课件,并将优质课件纳入资源库,完善教学资源;四是建立任课教师与家长沟通的平台,儿童(尤其是低龄儿童)的学习离不开家长的鼓励、引导与督促,家长的配合是教师能够将教学目标落到实处的重要条件,有的平台研发了家长端的小程序,为教师与家长的沟通提供了便利,双方的通力合作正是孩子高效学习的有力保障。

　　儿童线上中文教育有着广阔的市场前景,发展潜力是无限的,相关企业在注重利益的同时,还应该为在线儿童中文教育的规范化和系统化发展做出贡献,毕竟从长远来看,有社会责任感、有担当的企业才能走得更快、走得更稳、走得更好。

思考与讨论

- 在儿童线上中文教学中,面对孩子的课堂问题行为,你有哪些管理对策?
- 在儿童线上中文教学中(付费课程),对教师来说授课对象既是"学生"又是"顾客",面对这样的双重身份,教师在课堂管理中该如何做好平衡呢?
- 儿童线上教学与成人线上教学的主要区别体现在哪些方面?

第一堂线上汉语生词课

导读:由于与计算机屏幕另一端的学生相隔万里,如何打破地域限制,拉近与学生的距离,需要教师改变传统的教学模式。为使第一堂线上汉语生词课取得圆满成功,李老师在生词朗读环节采用了别样的点读方式,在生词讲解环节利用图片、视频等多种辅助工具。学生的朗读情况如何?他们又能否真正理解词语的含义?课堂上会发生哪些让人意想不到的情况?又带给了教师怎样的惊喜?下面让我们一起去李老师的课堂上看一看吧。

案例背景

教学环境:教师处于目的语环境,教学对象身在巴基斯坦;汉语作为第二语言教学。

教学对象:华北理工大学国际教育中心的留学生。班级中男生较多,女生较少,年龄在18~25岁,来自巴基斯坦;临床医学专业,大学本科一年级学生,已经有一定的汉语学习基础;学生汉语水平参差不齐,少数学生汉语水平较高,课上较为活跃;多数学生汉语水平较差,课上较为沉闷,课堂活动参与度较低,处于被动学习的状态。

教学方式:腾讯会议线上平台直播教学。

教学语言:主要使用汉语授课,必要时使用英语加以辅助。

教材:本次案例课程所用教材是北京语言大学出版社出版的由杨寄洲主编的《汉语教程》(第一册下)。根据教材说明,这本教材适用于零起点的汉语初学者。

案例描述

在正式接到实习通知时,我才意识到自己真的要迎来第一堂线上汉语课……为了能上好这次课,在撰写教案时遵循两项准则:第一,尽量不使用高级词汇;第二,PPT多用图片和视频,我确保教学内容简单、有趣。

上课那天,我提前20分钟进入了腾讯会议,为了缓解紧张情绪,我一直给自己加油鼓劲儿。学生们陆续都来了,上课时间也到了。我发出"上课"的明确指令后,率先礼貌地向学生们打招呼并做自我介绍:"同学们,大家好。我是你们的新老师——李老师,第二十五课将由我和大家一起学习,很高兴认识你们。"自我介绍结束后,学生们也纷纷向我问好,我也积极地给予回应。就这样,在和谐的氛围中,我开始了本次课的教学。

本次课的主要教学内容是生词,而生词教学自然少不了教师的领读与讲解。所以我先带领学生朗读生词,以帮助学生掌握生词的读音。在朗读过程中,我发现大多数学生对于大多数生词的读音均能够准确掌握,只有少数字词的读音不够准确,如"nǔ""biǎo yǎn"等。一般在听到学生的错误发音后,我便及时进行纠正。后来,在我纠正完前几名学生的发音,而后面的学生再次出现同样的问题时,竟然有学生主动来帮他们纠正,这出乎我的意料,也让我十分惊喜。

纠音结束后,我将生词打乱顺序,让学生自主认读。学生都很积极,出现了多名学生一起读的情况,为避免混乱,我及时做出调整说:"一名同学朗读完毕,下一名同学再接着读。"由于我不知道大家的名字,于是我决定将点名的任务交给学生,让学生互相点名,我来点第一名学生,然后在他朗读完成后,由他来叫下一名学生,以此类推。接下来不用我开口,学生便有序地一个接一个地读,并且会很主动地叫下一名同学的名字。我突然发现学生彼此之间的默契与配合原来这样好,并且当学习主动权更多地赋予学生自己时,课堂呈现出了汉语教师一直所追求的面貌。

接下来是生词的讲解环节。为了让学生更加直观地理解词义,我用到了很多图片资料。比如在讲"电视台"一词时,我特意从网上找到了巴基斯坦电视台的有关内容,当PPT呈现出相应图片时,一下子就引发了学生的共鸣。大家都非常激动地说:"这是巴基斯坦的。"之后我又放出中国电视台的图片,告诉他们"这是中国的电视台标志。"学生很快就理解了"电视台"这个词。

一般来讲，简单的词我会选择用英文直接来对照解释，不会详细展开，以此节省出更多时间用于讲解难词。在讲解难词时，我会鼓励学生进行造句，学生自己也很喜欢造句，往往一名学生会造2~3个句子。通过学生的造句，我能很直观地感受到他们是否真正理解并掌握了相关内容，在这一过程中我也发现有的学生的词汇储备量相当丰富，知识面也很广。

在讲解一些抽象的词时，我多采用视频和情景对话。例如，"哪里"，通常，"哪里"一词指"哪儿（where）"，而这一课中用到的其词义却是"中国人回答别人称赞的客套话"。

为了让学生能够清楚辨别二者，我在短视频平台上下载了一些非常贴合词义且有趣的短视频，一经播放，学生的兴趣便一下子被提了上来，我还没组织学习，他们自己就开始学说起了视频中的对话。之后，我又让学生两两配合、自由发挥，用"哪里"进行对话，不知不觉，学生便都掌握了。在这轻松愉快的学习氛围中，后面的词汇学习也进行得非常顺利，直到本次课程结束都一直能听到学生的欢声笑语。

由于这是我的第一次线上汉语课，对教学时间与进度的把控还不是很准确，因此没有完成预定的教学任务，余留了6个生词，这是这节课美中不足之处。在课后我也及时进行了反思与总结，希望后续的课程能够更加顺利、完善。

教学反思

回顾整堂汉语词汇课教学，我在讲解生词时使用最多的就是直观教学法。因为是线上教学，师生之间并不能面对面进行直接观察，所以充分利用图片、视频等形式对生词加以展现，能让学生更加清晰、形象地了解词语的含义。针对案例课程中一些较成功的教学手段和方法，现做出如下总结：

首先，发挥PPT的优势。PPT能够很好地辅助教师展开直观教学法的应用，PPT展示的图片、音频、视频等能够为学生提供极佳的视听体验，让学生以最为真实的状态感受真实的交际情境。

其次，有意识地帮助学生区分多义词。教师在进行词汇教学时要重视多义词的讲解，即在不同语境中，有些词语会呈现出完全不同的含义，此时教师便需要仔细分析、讲解这类词的不同之处，避免学生在交际中因用词不当而出现乌龙事件。如"哪里"这个词，有"问什么地方""泛指任何处所；用于反问句，表示否定""单独用在答话里，表示辞谢对别人的夸奖"4种意思。不过，并不是每种意思都要讲解,而要根据班级学生的情况与教学内容有所取舍。

最后,及时进行教学反思。教学反思是教师主动对自己的教学实践进行全面而深入的思考和总结,从而进一步优化教学实践,使学生能够更充分地掌握学习内容。教学反思意识有利于提高教学水平、优化教学能力,新手教师更要及时反思自己的教学行为,主动发现自己在教学过程中存在的问题,第一时间进行改正。新手汉语教师除了增强与培养自身的教学反思意识外,还应该懂得如何进行教学反思,教学反思应当是全面的、具体的、细化的,不仅仅是放在课后,而应贯穿于课前、课中、课后全过程,这样才能及时发现问题并调整解决。

任何事物都具有两面性,线上课堂也不例外。线上课堂通常无法实时"监控"学生的行为,因此需要教师自身的敏感度与判断力,及时且灵活采用多种方式,对学生施以管控与监督。比如,当学生长时间沉默或麦克风发出其他声音时,教师需要立即对学生的行为做出判断,采用言语提问或提醒的方式使学生的注意力重新回归到课堂中来。

线上课堂中,教师也要注意减少长时间的单方面讲授,因为枯燥的讲解易使学生走神,而精心设计的教学环节才能充分发挥学生的主体地位,让学生更加积极地参与其中。这样即便没有教师的"监控",学生也会乐于学习,最终获得较高的学习效率。此外,教师在课堂管理方面不应采取过度强硬的态度,而是要与学生多加交流,保持良好的师生关系,关注学生的心理需求,成为一名有人情味的教师。

教学建议

教材要为教学服务,不能颠倒主次。
只有增加课堂的趣味性,让课堂变得生动有趣,才能提高学生的参与率。
教师要严格把控教学进度,合理分配时间。
教师应通过自身的积极情绪努力营造一个良好的课堂环境。

专家点评

案例中的学生大多较为沉闷,课堂活动参与度较低,处于被动学习的状态。作为教学新手,又是在线上开展教学,李老师的压力可想而知。然而,这堂汉语生词课却取得了比较理想的效果,学生参与度高,操练流畅,氛围轻松愉快,充满欢声笑语,这些和李老师的个人努力是分不开的。

为使第一堂线上汉语生词课取得圆满成功,李老师在生词朗读环节采用了别样的点读方式,在生词讲解环节采用了图片、视频等多种辅助工具,有意识地帮助学生区分了多义词。综观李老师的这堂课主要有以下优点:

一、目标感强,备课充分

李老师上好这堂课的目标感很强,备课也有明确的准则:第一,尽量不使用高级词汇;第二,PPT多用图片和视频,确保教学内容简单、有趣。从后续教学中结合学生所在国家国情的图片及多义词"哪里"的讲解,都可以看出李老师对授课内容的精心准备。

二、态度端正,提前入场

为了缓解紧张情绪,李老师提前20分钟进入了腾讯会议,率先礼貌问候学生并做自我介绍,有助于增进师生互信与情感交融。接下来的授课中我们看到学生相互主动纠错,这多少有赖于良好的课堂开端构建的融洽的师生关系,学生乐于尊重教师的知识权威。

三、朗读示范,及时纠音

教师先带领学生们朗读生词,使学生建立规范朗读的认知,并在学生朗读时及时纠错,巩固操练,使学生做到对生词发音的"知行合一"。

四、赋权学生,组织流畅

由于不知道大家的名字,李老师将点名的任务交给了学生,让学生互相点名,由朗读完的学生来叫下一名学生,学生便有序地一个接一个读,既避免了教师不熟悉每名学生姓名的尴尬,也提升了课堂效率。

五、整合资源,创设情境

李老师制作的 PPT 中融合了图片、音频、视频等多种资源,让学生走进了真实的交际情境,在讲解一些抽象词语时,多采用视频和情景对话。为了让学生能够清楚辨别"哪里"一词指"哪儿(where)"与客套用法的不同,李老师在短视频平台上下载了一些非常贴合词义且有趣的短视频,加深了学生的理解,也提升了学生的兴趣、活跃了气氛。

六、本土策略,拉近距离

在讲"电视台"一词时,李老师特意从网上找到了巴基斯坦电视台的有关图片,当 PPT 呈现出相应图片时,一下子就引发了学生的共鸣,其对教师的认可和喜爱自然又进了一步。

整堂课以学生为中心,加强师生互动是贯穿李老师备课、授课的核心理念,腾讯会议的实时发言功能也保证了学生操练的开口率和衔接度。但也有一些尚可完善的方面,如等待学生入场的 20 分钟,可以通过播放舒缓的音乐或唯美的画面提高学生入场的舒适度;作为新手教师,关照到了生词朗读、词语释义、搭配造句等方面的教学和操练,不过有关词形的书写还可以略加指导或在作业批阅中兼顾;简单的词语是否需要采用英文对照解释也值得商榷,例如,通过搭配就显然能够理解的词语就不必过度依赖媒介语,通过搭配或造句仍不能理解的词语,适时使用媒介语确实是必要的。

思考与讨论

- 通过阅读案例,你发现在李老师线上汉语课的教学过程中存在哪些不足?你认为有哪些合理的解决措施呢?请与大家交流分享。
- 作为一名新手对外汉语教师,在自己的线上课堂教学中可以采用什么样的教学策略来最大限度地提高汉语学习者学习汉语的热情和积极性?
- 国际中文教师在线上教学中应该充当怎样的角色?

"中国风"似乎难以实现?

导读:词汇教学是HSK阅读课程的重点教学内容。一般情况下,对于初级汉语水平的学生来讲,教师可以采用较为简单的语言向他们解释词语的意思,但是所讲词语的来源是什么、为什么这个词语表示这个意思,这就需要对所讲词语进行追根溯源。汉语中很多词语源于中国的历史、文化、诗歌、传说或习俗,表达的是抽象的概念、思想或情感。案例中的张老师在备课时对所讲词语的来源都做了充足的准备,自信满满地走进课堂,想为学生们呈现源远流长的词语历史和妙趣横生的语言,然而实际的课堂效果怎样呢?案例中的张老师又遇到了哪些困难?让我们来看看吧。

案例背景

课型:HSK 4 阅读课。

教学内容:《汉语阅读教程》的第一单元"大学生活(二)"。

教学环境:教师处于目的语环境,教学对象身在越南;汉语作为第二语言教学。

教学对象:大学本科二年级学生,中文系,大部分学生至少有一年的汉语学习基础;班级共35名学生,女生较多,男生较少,年龄在18~20岁,来自越南;学生性格内向、安静,课上缺乏主动性与积极性,多处于被动学习状态;少数学生汉语水平较高,大部分学生仍处于初级阶段。

教学方式:腾讯会议线上平台直播教学。

教学语言:主要采用汉语进行教学,必要时使用英语、越南语解释。

教材:本次案例课程所用教材是北京语言大学出版社出版的由陈田顺、朱彤、徐燕军编著的《汉语阅读教程》。根据教材说明,这本教材适用于第二学年学习汉语的学生。

案例描述

  本节课"大学生活（二）"是我上的第二节 HSK 4 阅读课。虽然在备课时，我通过查找优秀教学视频大概了解到 HSK 4 学习者的汉语水平，但在上第一节课时，因为对班级学生的汉语学习能力预判不足，所以我决定还是"小心为上"，从词汇、语法到篇章、练习，我尽量使用最简单的句子去表达。出乎意料的是在练习环节，有两三名学生积极、主动地回答了问题，语调、语速、遣词造句都很准确，原来我低估了学生的实力。没想到第一节课完成得这么顺利，我既开心于学生可以主动回答问题，又开心于学生的汉语水平相对较高，在今后的教学中肯定会更加顺利。于是我信心满满地准备在第二节课教学中提高一些难度，多拓展一些课外知识。

  这个单元中出现的部分词汇难度较大，如"一筹莫展""天经地义"及在练习中出现的"沉鱼落雁""闭月羞花"等。虽然这些成语可以用简单的语句去表达它们的意思，但是我更想让学生明晰这些成语的出处，感受妙趣横生的文字，领略底蕴深厚的文化，从而更好地掌握和运用这些成语。于是，在课下我用了大量的时间整理相关知识点，胸有成竹地认为这堂课会更加吸引学生，取得不一样的效果。

  课堂的前 10 分钟，我通过《世界青年说》这一综艺节目中的片段导入本次课的主题，并与学生们展开互动，进展顺利。接下来就是我自信满满准备的词汇部分了。

  首先由成语"天经地义"的含义引申到它的出处《左传》，又由《左传》讲到"春秋三传"；由"一筹莫展"引申到它的出处《桃花扇》，又由《桃花扇》讲到"中国古典四大名剧"；由"闭月羞花、沉鱼落雁"引申到"古代四大美女"，以及她们所处的时代和与她们有关的著名人物……我拓展的知识越来越多，有很多教案以外的内容。这时，我沉浸在文化世界中不能自拔，自认为学生们也多多少少会被源远流长的中华文化和故事"迷住"，但马上就被现实的冰水浇醒了。

  课间休息时，学生 A 给我发微信说："老师，您讲的古代知识很好，但是我们很难懂，您还是多讲练习题吧。"看到这儿我蒙了一下，原来我的"滔滔不绝""谈古论今"，对于学生来说却是"云里雾里""茫然失措"。我的心情与上一节课相比一下就低落了，但我还是打起精神继续讲接下来的内容，由于前期在文化讲解上耗费的时间过多,后期一些练习题的讲解没有完成,只能草草收尾。

下课后,我通过与学生们聊天得知,他们选择HSK这门阅读课的直接目的就是通过HSK 4考试,因此他们更想获得的是阅读技巧、答题技巧及进行习题训练。但我作为一名国际中文教师的想法是,不仅要传授汉语知识,还希望通过一个个汉字堆砌成的形美、意更美的成语来让学生体验"汉字之美""国风之美"。

随后,我立刻对整堂课进行了教学反思,发现我的教学重点与教学目标出现了偏差。教学目标是教学设计的首要环节,是一节课的纲领,对纲领认识不清必定会打败仗。文化的输出固然必要,但是过多、过深的文化内容反而会适得其反。想到这里,我终于清楚地认识到这门课的首要目标还是应以提高学生的阅读能力为主、以穿插式嵌入文化知识为辅。因此,我立即对词汇的感知和理解、词汇的意义和用法等方面都做了校正,相信在多次课程的磨炼之后,我会在汉语知识与文化中找到一种平衡,让学生们在"中国风"的意韵感染下真正学有所成。

教学反思

通过对本次课堂教学的梳理与思考,我发现这堂线上阅读课存在以下几个问题:

(1) 教学过程的单向性。我无法及时通过观察学生的专注情况了解其学习状态,以便及时调整教学策略。虽然我们统一采用了腾讯会议平台授课,但由于没有打开摄像头,我无法时刻关注每名学生的动态,从而便产生了我"滔滔不绝",而学生"云里雾里"的课堂效果。

(2) 教师心理上的孤僻感。为了保证教学顺畅,我通常会采取环境静音,讲解过程中感受不到像线下教学时给予的及时反馈,尤其是在没有得到学生的反馈后,更会产生一种失落感和挫败感,非常影响教学效果。

(3) 没有做到以学生为中心。课堂中出现了注入式教学,忽视了学生的需要、学习水平、学习能力等。HSK阅读课程的实践性和针对性很强,应该在有限的时间内以锻炼学生的阅读能力为主,以增加文化知识、拓展课外知识点为辅。

(4) 对教学目标的设计思路不够重视。教学目标的制定要符合学生的认知水平,过高或者过低都不利于学生发展。面对该案例中的情况,我作为教师要深刻反思出现这种状况的原因:是学生不接受这样的讲解方式,还是认识上有差异;是学生不感兴趣,还是引导不到位;是我期盼过高,还是学生接受新知识需要一个过程;等等。通过反思我认识到,教师在设计教学目标时,要全面了解学生现有的认知水平,遵循"$i+1$"模式,逐渐增加新知识的讲解。

(5)未注意"预设"和"生成"的关系。教学方案是教师对教学过程的"预设",教学方案的形成要根据所教班级学生的实际情况,用贴切的教学素材和精心设计的教学流程,准确地体现基本理念和课程标准的要求。

(6)学生在学习中的疑惑未能马上得到解答。虽然是直播教学,但是学生的理解能力参差不齐,学习效果天差地别,对于个别学生的疑惑未及时进行解答。

教学建议

教师要明确学生的学习要求。

教师要精心做好备课工作,认真钻研教材,把握重难点。

教师要通过多种方式明确学习目标,提供多种学习资源。

专家点评

与线下教学相比,线上教学是一种全新的教学方式,教学生态环境发生了改变,师生双方面对屏幕,肢体互动、表情互动等方面出现了"降温",因此,需要师生彼此熟悉并适应线上教学环境。毋庸置疑,这对教师在教学方法、教学管理、教学内容、教学模式等方面的素质提出了新的要求与挑战。在线上教学过程中,教师更应该注重教学环境的改变带来的教学方式的改变。

从课程性质来看,案例中的课型属于阅读课。阅读课属于听、说、读、写技能中的单项技能,通过阅读,可以提高学生的阅读理解能力,同时,积累字词、语法、句法、中华文化等相关方面的知识。能否上好一节阅读课,依赖于学习者是否掌握了足够的字词、句子等词汇、语法知识,是否有相关的文化或是日常生活方面的知识储备。案例中的教学对象,少数学生汉语水平较高,大部分学生仍处于初级阶段。教师所使用的教材是供第二学年学习汉语的学生使用的《汉语阅读教程》。从教材的角度分析,教材中知识的输出大于学生的可接受度,即教材的输出>学生的输入。教师在第二节课的授课过程中,所选用的教学内容以中华文化知识为主,有些内容超出了备课范围,也造成了教师的输出>学生的输入,教材、教师的双重输出都超出了学生可接受的输入范围,势必影响阅读课的教学效果。阅读课需要学生从文字中提取信息完成意义的转化并理解,在教材的选择上要适合教学对象的认知水平,在教授内容上,可以按照字、词、句子、篇章的顺序组织线上教学,也可以按照篇章、句子、词、字的顺序进行教学。案例中的教师在第一节课的授课过程中选用了简单的字、词、句子,课堂教学任务顺利完成。在第二节课的教学过程中,则选取了学生难以理解的文化知识,超出了学生的认知范围,对于处于初级水平的学生来说,无疑增加了理解难度。

从教学目标来看,为了很好地完成教学任务,如何确定教学目标是每名教师都会遇到的问题。教学目标的明确性是指既要结合教学内容,也要结合学生的学习需求,从学生中来,到学生中去,教学生之所需,解学生之所困。阅读课的教学目标是什么?针对初级水平的学生的阅读课的教学目标又是什么?案例中对具体的教学目标并没有明确的说明。在具体的教学过程中,学生选择阅读课的直接目的是通过 HSK 4 考试,想获得更多的阅读技巧、答题技巧及进行习题训练。教师在进行第二节课的教学时,采取了急于输出中华文化的教学方式,导致阅读课上出现了"谈古论今"的教师和"云里雾里"的学生。课堂上教师长篇大论地讲解文化,导致阅读练习题的教学任务没能及时完成,只能草草收尾。阅读课的教学内容除了要满足学生的学习需求外,其难易度也要与学生的学习水平相匹配,要做到由易到难,以学生为中心。学生是阅读过程中的真正主体,是阅读活动的真正承担者。只有学生主动、独立地完成阅读任务,才能达到阅读课的教学目标。第一节课教师采用简单的字、词、句子进行教学,教学效果良好,说明这样的内容符合学生的学习水平和学习需求,而第二节课的内容偏难,没能满足学生阅读课学习阅读技巧和方法的需求。文化教学固然重要,但是偏离学生的学习需求,过多、过深的文化教学反而会让学生产生畏难情绪,教师也会产生挫败感,收不到良好的教学效果。案例中的教师在教学反思的过程中也意识到了教学目标不明确的问题,认为应主抓学生的阅读能力,并以穿插式的方式在阅读教学的过程中进行相应的文化知识的教学,在汉语知识与中华文化教学中寻找到平衡点。

从教学控制意识来看,教师应该能够掌控和驾驭课堂的每个教学环节,既要能创造积极互动的线上教学环境,也要能控制教学内容的深度和广度;既要有上好第一节课的意识,也要有上好每一节课的意识。案例中的越南籍学生性格内向、安静,课上缺乏主动性与积极性,多处于被动学习状态;少数学生汉语水平较高,大部分学生仍处于初级阶段。在上第一节课之前,教师对学生的学习情况进行了预判,在没有做到知己知彼的情况下,教师决定采取"小心为上"的策略,在教授汉语知识的过程中,采用了最简单的句子进行表达,学生并没有产生畏难情绪,相反,有两三名学生积极、准确地回答了问题。由于高估了学生的学习能力,教师由简单句子的教学直接过渡到了第二节课艰深的中华文化教学,忽视了"i+1"的教学模式,从循序渐进直接到大跨越,导致了第二节课学生处于雾里看花的状态。语言学习是一种多模态的多维感知,线上教学本身很难营造如同线下教学的课堂氛围,教师也不能及时关注到学生的学习动态,学生的学习状态、情绪、表情、肢体等都无从感知,教学内容的脱节与难度加深,加之摄像头的关闭,让处于不同空间的师生更增加了心理距离,很难形成良好的教学互动。线上教学,不仅仅是简单地从线下转线上,要构建"多元互动的线上教学模式",在上课开始时,可以通过打开摄像头、点名投票等方式,及时了解学生的学习动态,集中学生的注意力,密切其与教师的沟通、交流,让学生对课堂有归属感和认同感。案例中的教师为了能吸引学生,增强线上教学的趣味性,也算是煞费苦心,在第一节课的教学内容中采用了简单的字、词、句子,第二节课通过综艺节目《世界青年说》中的片段进行教学导入,都引起了学生的学习兴趣。教师如果采用线上游戏、竞赛等活动方式,而不是一味拓宽、拓深教学内容,就可以充分调动学生的课堂积极性,从而引起学生的学习兴趣。

对于线上教学存在的问题,案例中教师及时进行了反思、总结,认识到在教学内容、教学目标、教学方法等方面还应该狠下功夫,结合学生的学习特点,从学生的学习需求和学习兴趣入手,不断学习线上教学新技能,从而调动学生的学习积极性。内在的学习动机是推动学生向上、向前学习的动力,因此应结合学生的学习动机,提供学生最想知道的阅读材料和阅读方法,让学生在线上学习的过程中有内容可学、有内容乐学。

思考与讨论

- 词汇教学中必定离不开古代汉语和传统文化的解读,学语言亦学文化,那么如何根据学生水平衡量这个"度",既能做到文化输出,又能让学生更好地理解词语呢?
- 教师在课堂教学中遇到难题或挫折时,应当如何调整心态?

三缄其口——语言学习的大敌

　　导读：传统的对外汉语教学发生在真实的课堂环境中，作为对外汉语教学活动的主导者——教师和对外汉语教学活动的主体——汉语学习者，两者在实际教学中，可以进行面对面的交流和互动。课堂由线下到线上的转移，让师生双方只能通过计算机屏幕进行教与学，实际上切断了人与人之间的密切联系，课堂开口率低，对教学效果非常不利。那么，究竟是什么原因造成了这种情况？案例中的张老师又采取了怎样的措施？学生们能否在课堂上积极发言呢？让我们一起来看一看吧。

案例背景

　　教学环境：教师处于目的语环境，教学对象身在匈牙利；汉语作为第二语言教学。

　　教学对象：佩奇孔院大学一年级学生，共 8 人，男生 3 人，女生 5 人，年龄在 18～22 岁，汉语水平为零基础。个别学生因为有到过中国参加暑期夏令营，或者参加过其他形式的汉语学习活动，因而具有一定的汉语听说读写的能力。

　　学生总体的认知方式以场独立型和审慎型为主。

　　认知风格为场独立型的学习者大多具有分析问题的良好能力，善于把具体的语言内容从特定的语境中分离出来，在课堂教学过程中能有意识地学习与记忆语言结构。具有场独立型的学习者自信心强，富有竞争性，因此在考试中更具优势。

　　认知风格为审慎型的学习者在学习过程中善于周密地思考问题，对问题进行全面分析，反复权衡斟酌后，才会做出决定或反应。在课堂教学过程中他们表现得冷静持重，不会轻易开口，所以普遍语言知识较为扎实，读写能力明显优于听说能力。但此类学生过度审慎的性格和不喜欢开口的学习特点,不利于语言交际能力的养成和提高。

总之,拥有上述两种学习风格或认知特点的学习者,势必会造成课堂开口率不高,课堂气氛沉闷的情况,这容易使教师精心设计的语言交际活动难以实施,最终将课堂变成教师的"一言堂"。

教学方式:Microsoft Teams 线上平台直播教学。

教材:本次案例课程所用教材是北京语言大学出版社出版的由姜丽萍主编的系列教材《HSK 标准教程》。本次案例课程所用的教材为《HSK 标准教程1》,适合未系统学习过汉语的零起点学习者以及准备参加 HSK 一级考试的汉语学习者使用。

案例描述

听、说、读、写是四项语言基本技能,对外汉语教学就是要全面培养汉语学习者掌握这四项语言技能。在这四项技能中,开口说话即口语交际能力尤为重要,因为学习语言的最终目的就是能够落实在口头上,让外国学生学习完相关知识后,能够在日常生活中进行基本正确、流利的口语交际。所以,如何鼓励学生多开口说话,提高他们在课堂上的开口率,成为国际中文教师格外关注的问题。

2020 年 9 月初,新学期伊始,我成了一名线上汉语教师志愿者,和另外一名女教师一同承担起为匈牙利佩奇孔院大一学生教授汉语的教学任务。华北理工大学外国语学院被外派到匈牙利的英语教师——于月辉老师担任我们的线上实习指导教师。在于老师的耐心指导下,我们开始了为期一年的线上汉语教学。为了不辱使命,出色地完成学校交付的工作,我们每次上课前都会认真准备,查阅各种资料,修改和补充教学课件,精心设计教学流程和步骤,遇到不懂的地方或难以克服的困难,会第一时间求助于老师及匈牙利线上汉语教学项目的教学秘书 Kitty 老师,两位老师都极其耐心地为我们答疑解惑,出谋划策。

第一次承担线上教学任务,面对的还是匈牙利的汉语零基础的大一新生,所以每次上课时都或多或少会出现一些意想不到的情况,如何快速有效地处理这些问题,极其考验教师的教学智慧。对我而言,这其中最难克服的就是课堂沉闷。

我发现在课堂上学生们的开口率特别低,几乎每次汉语课都是我的"一言堂"。尤其刚开始上课的时候,都是我一个人扯着嗓子吼,学生们无动于衷,两节课下来,我的嗓子几近干涩。为了在课堂上能让学生积极开口说话,我做了各种尝试。秉持精讲多练的原则,将话语权更多交付于学生,自己能不说话就不说话,并且,对于学生在课堂上提出的问题,我也试图让他们互相解答。如果学生们都弄不清楚,我才会适当提点,启发引导,最终得出答案。

在教学过程中,无论是课文学习还是习题操练,我都争取先让学生们自己来。针对出现的读音偏误,我再进行纠正与示范。在做课后习题时,我同样先给学生们自由思考的时间,尽量让他们自己寻找正确答案,实在回答不出的问题,我才会给出提示。

在我的课堂上,女生的开口率明显高于男生的。我发现一名叫Daniel的男生可能是因为汉语口语不太好,所以几乎从来不说话,每次我点名叫他回答问题或者朗读课文,他总是一言不发。为了鼓励他开口,我会有意识地把课文中简单的句子让他来读,或者让他回答课后练习题中简单的题目,以此来提高其积极性。

课下,我就课堂学生开口率的问题咨询了于老师,通过交流我了解到,原来于老师也遇到过跟我一样棘手的问题。于老师帮我分析了匈牙利学生在汉语课堂上普遍不爱开口说话的原因:

第一,汉语课程在佩奇孔院的地位很边缘化,学生学习汉语的根本目的是获得学分,出于真心喜欢而来学习汉语的人寥寥无几。在他们眼里,汉语特别高深,因此,学习汉语的动机并不强烈。

第二,匈牙利的学生性格非常腼腆、内向,他们特别害怕在课上,尤其是在自己不擅长的汉语课上发言,不会主动开口回应教师,而是喜欢老老实实地聆听教师的讲解。

第三,匈牙利的学生汉语水平一般较低,很多学生从来没有接触过汉语,甚至对中国都不太了解,而且他们还存在诸多语音方面的发音困难,于是,便出现了在汉语学习课堂上沉默寡言的现象。

了解完匈牙利学生课上不爱开口的原因,于老师还传授给了我提高学生课堂开口率的方法。于老师说,虽然匈牙利的学生不爱在课堂上主动开口说话,但是他们特别听老师的话,甚至到了"畏师"的地步,对于教师发出的命令或者布置的任务言听计从。于老师说可以将这一点作为突破口,在课堂上适当利用布置任务的方法,促使学生开口说话,即在每个语言要素的学习过程中,设置多个需要学生独立完成的课堂小任务,让他们带着任务去学习,这样不仅可以锻炼其独立思考的能力,也可以提高其开口率。

经过于老师的耐心指点,我豁然开朗,打算在接下来的汉语课堂上将这一方法贯彻落实。

第五课"她女儿今年二十岁"便给了我施展的机会。这一课与前四课相比,语音、词汇、课文等方面的难度均明显有所提升。尤其是课文部分,出现了三篇对话体课文,而且每篇课文的句子都很长,相较于前四课的课文来说,交际性显著增强。于是我打算充分利用第五课的课文,好好设计一下教学流程。

在前四课的课文学习环节,一般我的处理步骤是先为学生范读课文,每篇课文范读两遍,在范读时会注意语速,并根据课文内容选择合适的语调,在读到学生可能会读错的字词时,我会刻意加大音量或者放慢语速。范读完以后,我会领读,我读一句,学生跟读一句。领读完以后,我会为学生留出自由朗读的时间,一般是两到三分钟,时间到了以后,我会要求学生齐声朗读和分角色朗读。最后,我还会根据课文内容引导学生把课后的填空题做完。

在学习第五课课文的时候,我一改之前的学习流程,重新设计了教学步骤:

首先,带领大家一起朗读课文。

其次,在学生对课文内容有了大概了解后,我将课文分为五个部分,每一部分先请两名学生,一男一女分角色朗读课文,在两名学生朗读完后,根据他们的朗读表现请其他学生进行点评,再由我提出几个与朗读材料有关的问题,点名让其他学生回答。

再次,为了让学生进一步感知课文内容,我把三篇对话体课文进行了文体转换,将对话体改成叙述体,让学生在不看课文的情况下,根据自己对课文的理解完成填空题。

最后,填空题完成后,采用五到六名学生轮流朗读该题的方式让学生再次感知课文内容。

通过这四个步骤,学生真正实现了对课文内容由浅入深地学习,同时也对课文所包含的重点生字、生词和重要语言点进行了复习和巩固。

我发现这样的教学安排给学生们提供了足够多的开口说话的机会,全班大部分学生都能够也愿意参与到课堂交流和对话练习的过程中来,对教学目标的达成和教学效果的改善都非常有利。

教学反思

　　国际汉语课堂学生们开口率低,不爱发言,几乎是每名新手教师在教学初期都会面临的课堂问题。课堂开口率低一般会受到多方面因素的影响,可能与学生的汉语水平有关,有的学生汉语水平低,对汉语知识一知半解,不敢轻易开口说话,怕开口即出错;还可能与学生的性格有关,有些学生性格腼腆、内向,不擅长在人前发言,所以在课堂上就会三缄其口。

　　有学者研究发现,外国学生在汉语课堂上不愿开口与情感焦虑或者文化背景有关;也有相当一部分专家学者认为对外汉语教师的课堂提问技巧也会造成学生的课堂沉默,比如提出的问题过于晦涩,学生不理解,留给学生思考、回答的时间太短等。但是,学生课堂开口率低背后的根本原因还是学生认为自身的口语表达不够出色。

　　在上述教学案例中,我所面对的教学对象是非汉语文化圈的匈牙利学生。学生的汉语知识本来就极其缺乏,而教师在汉语课上更多以语言知识的讲授为主,学生开口说话的机会不多,师生之间的课堂互动与交流也很欠缺,因此学生在课堂上很难有说出完整的汉语句子的机会,语言能力并不能得到提高。

　　为了解决这一问题,我在讲课文的过程中一改之前上课的思路,设计了全新的"读课文—回答问题—完成填空—对话练习"四个步骤,尽可能多地为学生提供开口说话的机会。当然,除此之外,为了能让学生乐于开口、敢于开口,国际汉语教师在备课时也要多关注和选择学生感兴趣的话题,适当降低课堂任务的难度。

教学建议

一、任务前阶段

　　在此阶段,汉语教师要针对课文内容进行主题设计,学生讨论后再由教师总结,也可以采用头脑风暴的方式,让学生自己说出答案。在这一过程中,汉语教师要顺势导入新的语言知识,如生词、语法点等内容,降低学习任务的难度。

二、任务执行阶段

在此阶段,汉语教师要给学生留出足够多的时间让其自己朗读课文,提炼观点,对整篇课文有一个比较清晰的把握。在此基础上,还可以组织学生进行角色扮演,分角色朗读课文,参与课堂讨论,创设有趣的语言应用情境,尽量保证每名学生都参与进来,学生群策群力完成任务。

三、任务后阶段

在最后阶段,汉语教师要对学生们的角色表演进行点评,对任务完成得好的小组或者个人进行口头表扬,鼓励其再接再厉,对表现欠佳的学生也要给予鼓励,同时指出其存在的普遍性问题,在纠错过程中,教师要注意所用语言,避免挫伤学生的自尊心与学习积极性。

专家点评

本案例的主题是如何提高语言教学课堂上学生的开口率,仔细深入分析,还可以从中看出更多问题。

首先,毋庸置疑,课堂开口率真的很重要。不管是什么语言作为第二语言教学,不管是语音教学、词汇教学、语法教学还是文字教学,不管是口语、听力、阅读、写作课还是综合课教学,语言学习的最终目的都会落在提高利用语言进行交际的能力上。课堂作为集中学习语言的场所,最终目的也要落在交际能力的提升上。除了知识的掌握,学生第二语言能力的提升绝对离不开课堂上的开口率。课堂上学生勇于开口、开口度高、多与教师互动、多操练、多表达,有利于学生听、说、读、写能力的提高,有利于教师发现并纠正学生语音中的偏误,更有利于提高学生利用第二语言进行交际的能力。

其次,在线上进行汉语作为第二语言的教学,对学生和教师来说都是很大的挑战。在新形势下,国际中文线上教育缩短了世界各地教师与学生的距离,从某种程度上扩大了国际中文教育的范围,打破了线下教学"时"与"空"的限制。但是,不可否认,在一开始进入线上教学模式时,教师和学生们都遇到了很多之前在线下课堂上意想不到的问题。对教师来说,线上教学方法比较单一、缺少趣味性、线上课堂管理难度大,几乎是每名教师都会遇到的问题。如何利用线上教学软件最大限度地保证汉语教学质量,是汉语教师都要面临的问题之一。教师如何在隔着屏幕进行第二语言教学时,体现第二语言教学的原则——交际性原则,如何进行课堂活动设计,增加师生互动的频率,丰富互动的形式,如何进行课堂管理并取得好的教学效果,如何在线上教学中增强学生利用汉语进行信息输出与输入的交际能力,是需要所有国际中文教师共同努力研究与探索的议题。

在线上教学环境下,汉语初学者的课堂开口率低确实是一大难题。尤其案例中的汉语学习者大多是初级水平甚至是零起点的匈牙利学生,他们在最初的几个月内基本处于汉语入门阶段,主要学习与操练汉语的发音、简单的交际性对话和常用的汉语词汇等,具体包括大量机械的模仿性发音、纠音、跟读和简单的对话练习。由于线上教学非常容易受到网络环境、设备硬件、身处环境、教学平台等的限制,不是所有的学生都能打开视频参与课堂,如果不连线,教师无从得知学生是否跟读、是否发音正确,所以,对于初级水平的线上汉语教学课堂来说,课堂互动取得很好的效果不是一件容易的事。

再次,汉语学习本身就是一项跨文化交际活动,不同国家的学习者在第二语言学习过程中具有不同的特点。不同国家、不同民族的学习者拥有不同的文化背景,有着不一样的民族心理,学习汉语会有不同的学习策略。国际中文教师教授汉语与传播中华文化的过程,也是一个跨文化交际的过程。第二语言教学的学生背景比第一语言教学的学生背景复杂得多,年龄不同、国别不同、已有汉语水平不同、性格不同,这些均会影响学生习得汉语的速度和方法,也会影响到教师采用教学方法的差异(李东伟,2015)[①]。

教师必须了解与熟悉学习者的文化背景,体会学习者的民族性格与思维习惯,不能将不同国家的学习者简单地归类。匈牙利是一个欧洲国家,但是案例中张老师与其他有教学经验的教师交流时了解到,匈牙利学生上汉语课时都比较害羞,害怕在汉语课上发言,很少主动开口回应老师。由于汉语水平不高,害怕别人嘲笑,所以倾向于逃避在汉语课上发言。教师应该根据不同国别学生的不同学习策略采取不同的教学方法。

案例中以匈牙利为母语的汉语学习者的焦虑度不低,张老师根据经验丰富

---

① 李东伟.国际汉语教师专业发展中的问题与对策探究[J].黑龙江高教研究,2015(7):79-81.

的教师所给出的建议,得知匈牙利学生对教师下达的任务执行度很高,能认真完成教师发出的命令或者布置的任务。于是就采用了布置任务的方法,设置需要学生独立完成的课堂小任务,让他们带着任务去学习,这样有效地提高了开口率。

复次,国际汉语课堂中,教师要保持有意义的输入,课堂纠错要讲究有的放矢,遵守柔性原则。

其一,教师的语言必须是有效的信息输入,教师语速要快慢适中,要有适当的重复,并为学生留出一定的反应时间。教师应尽量使用学生学过的词语和语法,少用低频词,对零起点的学生不宜过多地使用专业词汇讲解语法理论。语速应控制在至少百分之八十以上的学生能听懂的程度,不宜过快或过慢。案例中匈牙利学生的汉语水平大多处于零起点,要取得好的教学效果,教师在课堂上必须使用符合教学对象水平的词汇与语法,否则学生根本听不懂,与教师互动的人次少之又少,对于大部分学生来说不能构成有效的输入,达不到教学目的,完成不了教学任务。

其二,针对课堂纠错,在教学对象是焦虑度较高、偏内向、开口率低的初级汉语水平的匈牙利学生时,教师纠错要适度,应适当宽容,并要讲究纠错方法与纠错形式。

所谓柔性原则,是指教学目的和方法的灵活性、相对性,以及对学生学习、使用目的语时所产生的一些错误的宽容。身为成年人,在学习第二语言时是有所局限的,另外性格上的某些特点也可能使得他们一方面在学习上不断出错,另一方面又好面子,在教师反复纠错时认为是当众出丑。对此教师如引导不当,可能会出现一种恶性循环:出错—被纠错—紧张—畏难情绪—继续出错—反复纠错—更紧张—畏难情绪加重—产生抵触情绪,最终结果就是失去信心,放弃第二语言学习。

汉语作为第二语言的教学,坚持柔性原则显得更加必要。汉语作为一种孤立语,与西方语言区别较大。这也是大多数汉语学习者觉得汉语很难学的原因,也使得其在学习汉语时焦虑感和挫折感更强烈。所以,教师在课堂纠错时要更加讲究方式、方法,否则就会挫伤学生的积极性。在教学中,不分重点、有错必纠实际上只能是欲速不达。

本案例中张老师针对课文中出现的读音偏误,先给学生们自由思考的时间,尽量让他们自己寻找正确答案,学生们实在回答不出的问题才会进行纠正与示范,体现了教师在纠错上的谨慎。

最后,也是本案例的主题,那就是如何增加课堂互动频率和互动形式。线上教学条件下的课堂互动,一直是一个难题。汉语国际教育同时面临着线上教学的机遇和挑战。隔着网络,课堂互动受到了网络速度、设备硬件、直播平台的功能设置等多种因素的影响。相关研究表明,中高级水平的学生相较于初级水平的学生,课堂互动、课堂活跃度要好得多。案例中的张老师不得不针对课堂互动问题制订了具有针对性的行动计划,发布相应任务,采用师生问答,以及生与生之间分组、互动等各种形式,增加学生的发言、操练机会,减少教师的发言时间,改变"满堂灌"的授课方式,并给予学生正面的反馈,实际上既保证了教学进度,又保证了学习效果。

总而言之,在汉语国际教育课堂上,教师作为课堂的管理者与引导者,要时刻以学生为中心,以培养学生更好地利用汉语进行交际的能力为最终目的,课堂内容与活动设计都要尽可能具有交际性、真实性的特点,尽可能贴近学生的真实生活;教师的语言要经过设计,符合有意义的信息输入的原则,要能让大多数学生听懂,语速要适中,要适当地重复,给学生留出反应的时间;教师要注意提问的艺术,针对同一课堂中水平不同的学生,具体问题具体分析,简单的问题由水平稍低的学生回答,较难的问题留给水平较高的学生回答;纠错时要一张一弛,该纠正的纠正,该宽容的适当宽容;教师在上课时要学会分析学生,了解学生的文化背景,保证在与学生跨文化交际的过程中,针对学生特点制订行之有效的教学策略;教师要适应线上教学的需要,探索与学习新的线上教学理论与技能,提高线上教学能力;教师要时刻保持进取心,向其他有经验的教师学习与请教,不断提高发现问题、解决问题的能力。

思考与讨论

- 本案例中匈牙利学生的线上汉语课堂存在什么主要问题?
- 假如你是案例中的教师,面对课堂开口率低的现象你会采取怎样较为合适的解决办法?
- 除案例中的方法以外,有没有其他可行的解决方案?每种方案各有什么利弊?这些解决方案的理论依据是什么?

我的第一堂线上汉语课

导读：人生的第一堂汉语课是一堂基于网络的远程线上汉语课，这样一个与学生远隔万里，只能透过屏幕"遥遥相望"的课堂，为这份初见添了些许陌生。面对这堂课中繁多的语法教学任务，老师是如何分配教学时间的？采取了怎样的教学方式？开展了哪些语法教学活动？这些活动能否调动起学生们的积极性？线上汉语课堂又会遭遇哪些困难？教学效果如何？让我们一起来看一看吧。

案例背景

课型：初级汉语综合课。

课时：两课时（共90分钟）。

教学内容：《汉语教程》（第二册下）第十八课的语法点——疑问代词的活用；一边……一边……；先……再/又……然后……最后……。

教学环境：教师处于目的语环境，教学对象身在巴基斯坦、阿富汗、非洲国家或地区；汉语作为第二语言教学。

教学对象：全班共16人，男生居多，年龄在18～25岁，来自巴基斯坦、阿富汗及非洲国家或地区；临床医学专业，大学本科二年级学生，有近一年的汉语学习经历；学生汉语水平参差不齐，少数学生汉语水平较高，课上较为活跃；多数学生汉语水平仍处于初级阶段，课上较为沉闷，课堂活动参与度较低，处于被动学习的状态。

教学方式：腾讯会议线上平台直播教学。

教学语言：主要使用汉语授课，必要时使用英语加以辅助。

教材：本次案例课程所用教材是北京语言大学出版社出版的由杨寄洲主编的《汉语教程》（第二册下）。根据教材说明，这本教材适用于第二学年学习汉语的学生，以语音、词汇、语法等语言要素为基础，通过课堂讲练，可以提高学习者听、说、读、写四项技能,培养他们使用汉语进行社会交际的能力,也可为其今后长期的汉语学习奠定良好基础。

案例描述

　　接到本学期的教学任务时正值寒假,我明白这次是要真正走进留学生的课堂,正式开启线上汉语直播课教学了。就好比演习后总要实战,该来的总会来,经过上学期"录播+反馈"的过渡,现在也该是独当一面的时候了。

　　按照所带班级的课程安排,学生正常的上课时间是周三下午2:30~4:00,奈何中国与巴基斯坦有三个小时的时差,所以对于我来说上课时间就变成了晚上5:30~7:00。这个时间正好是平常吃晚饭的点儿,但想着教学任务完成后吃饭更香,于是我饿着肚子,怀着兴奋又忐忑的心情,早早加入了预约的会议,期待着与学生的第一次"见面"。

　　转眼到了要上课的时间,我却发现进入会议的学生人数一直在个位数徘徊,显然线上课堂学生的出勤率不容乐观,并且这种现象在后来的教学中一直持续存在,始终没有改善。考虑到本节课的教学任务与教学目标,我迅速做出反应,向已经进入会议的学生发出"上课"的指令,并表示我们边讲边等,就这样,我的第一堂线上汉语课开始了。

　　话筒试音、共享屏幕……伴随着一系列设备操作,我向学生询问:"大家可以听到声音吗?""听得清楚吗?""可以看到老师的PPT吗?"在得到学生的肯定答复后,我又礼貌地和大家问好,并简要介绍自己。以上节课所学的生词为线索,经过复习我们便进入了新课,我告诉他们:"这节课,我们继续学习第十八课的语法。"

　　按照课程进度要求,本次课需要完成三个语法点的讲解,内容较多,篇幅较长,如何根据学生的掌握情况合理地分配时间,进行清晰、有逻辑、有主次的讲解,值得认真考量。果然,在仔细研读教材之后我发现,第一个语法点"疑问代词的活用"包含三种情况——任指、特指和虚指,其用法多样,需多次强调、注意细节,并加以对比区分,这是本节课的重点与难点;第二个语法点"一边……一边……"在上节课的生词学习中已经有所涉及,因此学生是相对熟悉的,这节课应更加侧重其用法的练习,即多给予学生造句、表达的机会;第三个语法点"先……再/又……然后……最后……"表示连续动作的顺序,与第二个语法点的含义形成对照,学生理解起来相对容易,教学时间也相对较少。

下面便是本节课具体的教学内容与步骤。

一、疑问代词的活用

我向学生抛出第一个问题:"什么是疑问代词?"大家的回应从最开始的默不作声到后来的"老师,我们不知道"。

于是,我进行了简单解释和举例说明,告诉学生"谁(who)、什么(what)、怎么(how)、哪儿(where)、什么时候(when)"是汉语中常见的五个疑问代词,这时,大家的回应变成了"啊,老师,我们知道"。

听到这儿,我想学生们可能知道这几个词,只是不知道它们叫疑问代词。明确了何为疑问代词,就要说明"什么是疑问代词的活用"。采用英汉对照模式,出示定义,让学生了解,"活用"指疑问代词除表示疑问,还能表达对人或物的任指、特指和虚指。

(一)任指(泛指)

首先,采用演绎法,出示定义,前后呼应,英汉对照,重点标红,简要揭示其语法规则。其次,搭配图片进行大量的表达练习,且保证五个疑问代词的活用情况均能练习到。例如:

从谁、什么、哪儿、怎么、什么时候中选出恰当的词填入下列句子的空白处:
这个小女孩儿很可爱,我们_____都喜欢她。
餐厅有很多菜,你想吃_____都可以。
天气太冷了,我_____都不想去。
我想去北京旅行,_____去都行。
你_____来我家做客,我都欢迎。

这一过程我主要通过图片描述引导学生说出前半句话,然后给出提示,请学生选择恰当的疑问代词填入后半句话的相应位置,以此来检验学生是否真正理解及学会了表达运用。学生的回答与反馈都非常正确,并没有出现错误,于是我及时进行了表扬与肯定,也为我接下来的教学增强了信心。

(二)特指

同样采用演绎法,出示定义,英汉对照。这时我敏锐地察觉到了课堂气氛的沉闷,不过这与我备课时所预想的情况一致,所以内心并没有慌张。巴基斯坦学生在课堂中遇到问题或困难时通常不会直接提出,尤其当他们面对的是一位从未谋面的新老师时。因此,我对当下的真实情况做出客观判断,即多数学生并未真正理解"特指"的含义,而这也对我提出了更高的要求,我的下一步教学有了更加清晰的方向。

有些事情单纯从理论的角度讲解,确实会让学生更加困惑,而辅以实例说明,则能让学生更容易理解其中的道理,我带领学生进入了讲解与练习环节。对于特指的练习,我主要采用情景体验式教学,创设了运动会、旅行和逛超市三个情景进行表达练习。

我告诉学生:"下个月,我们学校要举行运动会(图1),大家想不想参加?"学生的回应很热烈。我紧接着说:"运动会上有跑步比赛,如果大家参加的话,想拿第几名呢?"学生们争先恐后地说:"第一名!""想拿第一名的话,就要跑得怎么样? 快还是慢?""快!""那明天呀,我们班级将举办一场跑步比赛,看看谁跑得快,谁跑得最快我们就让谁参加学校运动会,好不好?""好!"

运动会 sports competition

图1 运动会

在我与学生交流的过程中,PPT中同时出现了三名留学生赛跑的图片,他们是大卫、麦克、保罗(图2)。问题:谁跑得最快? 果然,在我的引导下,学生说出了以下句子:

谁跑得最快就让谁参加。

图2 留学生赛跑

大卫跑得最快就让大卫参加。

麦克跑得最快就让麦克参加。

……

"运动会"结束后,我又带领学生"旅行"(图3),去北京故宫和上海迪士尼"旅行"了一圈(图4),利用地点、交通工具等的图片引导学生使用疑问代词"哪儿""怎么"进行了表达练习。例如:

旅行 travel

图3　旅行

北京故宫　　　　　　　　　　上海迪士尼

你想去哪儿就去哪儿。
哪儿好玩我们就去哪儿。

图4　北京故宫和上海迪士尼

哪儿人少我们就去哪儿。——操场人少我们就去操场。

哪儿好玩我们就去哪儿。——上海迪士尼好玩我们就去上海迪士尼。

怎么快我们就怎么去。——飞机快我们就坐飞机。

"旅行"回来后,我们又去"逛超市"(图5)。超市里有很多水果,有苹果、香蕉、橘子,都标有价格。我问学生:

"老师现在没有多少钱了,只能买什么样的水果?便宜的还是贵的?"

"便宜的!"

"那要用五个疑问代词中的哪一个呢?"

"什么。"

"这句话我们该怎么说呢?"

逛超市 Go to the supermarket

图 5　超市

"什么便宜我们就买什么。"(图 6)。

5元　　　　6元　　　　7元

什么便宜我们就买什么。
苹果便宜我们就买苹果。

图 6　水果价格

随着三个情景体验的完成,第一课时就结束了。课间休息的时候,我问学生:"你们听懂了吗?""听懂了。""是的,老师。"肯定的答复让我的内心更加踏实与轻松,我想这一节课的"硬骨头"到这儿基本算是啃下来了。

第二节课开始,我没有急于往下推进,而是对刚才所学的内容进行了复习、巩固。所谓温故知新,不仅要做到下节课复习上节课所学,或是一段时间后的阶段性复习,还要在当堂课的教学中进行适时的复现。

接下来便进入疑问代词活用的第三种情况——虚指。

(三) 虚指

首先出示定义,英汉对照,接着,利用句子对抽象的语法点进行讲解:
这个人我好像在哪儿见过。

这句话的意思是,这个人我好像见过,但在"哪儿"我忘记了,说不清楚。随后,给出相应图片,主动权交给学生,引导其说出:

朋友要过生日了,我应该买点儿**什么**礼物送给她。

我听谁说过这件事。

两句话中"什么"和"谁"分别指某件东西和某个人,但具体是什么并不知道,也说不清楚,或者有时不愿意说清楚。

课程进行至此,90分钟的教学时间只剩下20分钟了,这不禁让我对自己课堂教学时间的把控产生了一丝怀疑,不过这一想法转瞬即逝,因为我别无选择,必须马上进入后两个语法点的讲授与练习。

二、一边……一边……

因为上节课的生词讲解已经涉及该词组,所以这刚好是个考查机会,我马上向学生提问:"有谁记得这个词组是什么意思?"一段时间的思考后,我首先听到两三名学生的声音——"at the same time",这几名学生正是整堂课回应最积极的,紧接着是更多学生的附和声,这样一来,大家也就都想起了这个词组的含义,接下来的练习也就顺理成章了。

练习主要采用看图说话和"十六宫格"小游戏的方式,大家用"一边……一边……"说句子,说得不亦乐乎,在语法格式上没有出现任何问题,只是个别字词的读音还需要及时纠正(图7)。我预想的没错,这一语法点对于学生来说是相对容易理解与掌握的。

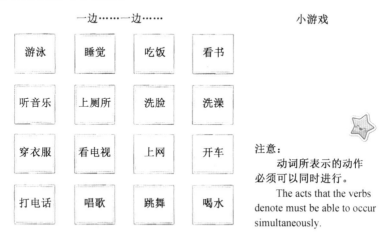

图7 "十六宫格"游戏

三、先……再/又……然后……最后……

进入最后一个语法点的教学环节,出示定义,英汉对照:

> 表示连续动作的顺序:
> 先……再/又……然后……最后……
> first... then... after that... finally...

定义阐释完成后,我陆续给出了两个场景:一个是被闹钟唤醒的清晨(图8),另一个是旅行的路线和经过的城市。让学生利用上述语法格式造句,形成完整的一段话。

早上7点,闹钟响了,新的一天开始了。
我先……,
再……,
然后……,
最后……。

图8 闹钟唤醒后的清晨活动

学生们非常聪明,先后说出了很多完整、正确的句子,描述了自己清晨起床后的一系列活动,也根据旅行路线介绍了先后去过的地方,最终,我们形成了两个例句:

我先起床,再洗脸刷牙,然后出门做运动,最后回家吃饭。

我们先去北京,再去上海,然后去四川,最后回到学校。

随着三个语法点的讲授完成,本次课也接近了尾声。在剩下的最后一点儿时间里,我对本次课的教学内容进行了总结,并再次带领学生对第一个语法点"疑问代词的活用"进行了复习与回顾。在学生们热烈的回应声中,我彻底为自己本次课的教学交上了满意的答卷。

直到我要结束会议的那一刻,学生们都还在不停地说着"老师,再见""下次见"……的确,几天后我们的第二次见面便会如期而至,我现在竟然还有点儿期待了。

时隔多日,回想起我的第一次线上汉语课,自然还是有许多不完美的地方。比如,我居然忘记了给学生布置课后作业;又比如,受天气、网络信号等客观因素的影响,图像与声音的延迟时有发生。即便在这样的状态下,学生依然能积极主动地回应我,我的内心充满了成就感,所以,几乎在每名学生发言过后,我都会用赞赏的语气同他们交流,这可能就是学生给我留下"You are really a good teacher."这样的暖心评价的原因吧。

有些事情,唯有经历过才显得弥足珍贵。我们虽然素未谋面,但实则远在天边,近在眼前。

附:课堂教学实施步骤及时间安排

1. 组织教学(2分钟)

2. 复习导入(3分钟)

复习上节课所学的几个重点生词,进而引入本节课的主要内容,PPT展示三个语法点:"疑问代词的活用""一边……一边……""先……再(又)……然后……最后……"。

3. 语法讲练(75分钟)

(1) 疑问代词的活用(65分钟)。

①任指(15分钟)。

②特指(40分钟)。

③虚指(10分钟)。

(2) 一边……一边……(5分钟)。

(3) 先……再/又……然后……最后……(5分钟)。

4. 课堂小结(8分钟)

主要对第一个语法点"疑问代词的活用"再次进行复习、巩固。

5. 布置作业(2分钟)

课堂教学中忘记了布置作业,改由课后在班级群中发布。

教学反思

伴随互联网技术的发展,线上汉语教学成为一道独特的风景。不过,这其中也存在一些普遍性问题:

第一,汉语学习者遍布世界各地,教学存在时差问题。

时差在线上国际汉语教学中一直存在,尤其当教学对象是欧美国家的学习者,上课时间可能会在国内的深夜或凌晨。面对时差问题,如果与案例中类似,教学时间只是影响了晚餐时间,教师可以暂时克服,把晚餐的时间提前或延后,保证教学的正常进行;如果教学时间安排在半夜,且整个教学周期较长,则需要教师及时与授课院校管理层反映、交流,争取调整时间,寻找一个师生双方都较为合适的时间开展教学。

第二,线上汉语课堂学生的出勤率不容乐观。

自线上教学开展以来,怎样保证学生的出勤率是所有教育工作者一直思考的问题。受时空限制,教师在面对出勤率不高的线上课堂时,应通过各种渠道及时了解学生的实际情况,搞清楚学生不来上课的真正原因,是受天气、网络等客观因素影响,还是受学习动机等主观因素影响,从而尽可能地采取有针对性的措施进行解决。

本案例中,我在上课前对设备进行了调试,这项工作是必不可少的,因为与线下传统教学方式不同,线上教学的开展更多依靠网络技术的支撑,可以说,技术对教学的影响不容小觑。

本次线上课程的主要教学任务是语法,共涉及三个语法点。由于语法点数量较多,针对各个语法点的讲练并不容易,对此,我在课前进行了认真考量与主次区分,并在课上采用了多样化的教学方式,开展了丰富的教学活动,调动了学生的积极性,促进了学生独立思考,提升了他们的自主学习能力。

演绎法和归纳法是语法教学中常用的教学方法。教师在介绍一个语法点时,可以先根据课文中的句子给出语法结构,解释相关规则,以便学生能根据规则生成正确的句子,这就是演绎法。从完整的教学流程看,本案例中对相关语法点的讲解在整体上体现了演绎法的思路,具体还包含图片法、情景法等直观生动的教学方式。图片法是在学生了解语法结构及含义之后,用图片辅助进行大量的造句练习,使抽象的语法点变得清晰、形象,让平面化的讲解变得生动活泼。在此次教学中,我也多次用到这一方法对语法点进行讲解,达到了深入浅出的效果。情景法主要是在情景中介绍并操练新的语法点,设置的情景应尽量真实、贴近生活。比如针对疑问代词活用中特指用法的练习,我便创设了贴近生活的三种不同的真实情景供学生体验感知,并运用语法规则输出了完整、正确的句子,可以说实现了教学目标。

案例中对语法点的操练进行得比较顺利,这说明我在语法规则与结构的讲解上较为细致、清晰,也提供了足够的例句加以支撑。后期学生在接触大量的语言材料的基础上,依托规则输出了正确的句子,实现了由陈述性知识向程序性知识的转化,推动了整堂课教学的顺利进行。

在教学时间的安排与管理方面,我花费了大量的时间来讲练第一个语法点,而在只剩下 20 分钟时才开启后两个语法点的教学,实际上,这是经过反复考虑的。看似不太合理的时间安排,让我在课堂中产生了一丝怀疑,但一切又尽在掌握之中,反而让这 90 分钟的课堂更加完整、充实。

教师在备课阶段,应尽可能多方面地思考教学中可能发生的状况、出现的问题,在上课过程中,具备良好的应变能力,能够采取相应对策在短时间内化解难题,顺利完成一堂课的教学任务,实现教学目标。

此外,在教学中,教师也应该将各种教学方式、方法有效融合在一起,吸取各家之长,最终获得良好的教学效果。

教学建议

一、线上汉语教学,师生要尽早建立情感纽带

所谓"亲其师,信其道",意思是只有师生关系和谐,学生与教师亲近,学生才能心悦诚服地接受教师的教育。线上教学,师生往往是"不见其面,只闻其声",因此,在最开始的课堂教学中,教什么不是最重要的,最重要的是师生之间要建立起平等、包容、信任的关系。尤其对第一堂课来说,在平等与包容的前提下,相互尊重与相互信任的氛围会使后续的教学如虎添翼,达到"尊其师,奉其教;敬其师,效其行"的效果。

二、线上汉语教学,备课需更加全面、充分,课后要与学生密切沟通

教师在备课期间,可以将集体备课的长处与自身教学风格相结合,促进教学团队之间的合作,更好地适应线上教学的新形势。

在网络授课前,教师要做好充足准备,每节课提前进入教室,检测设备,熟悉教学课件,保证课堂教学"畅通无阻"。

课程结束后,教师要根据教学目标布置作业,检验学生的学习目标达成度和教学成果,及时查漏补缺;还要在班级群中与学生进行积极的沟通交流,对学生的课堂表现及时做出评价反馈,倾听学生的意见。

三、线上汉语教学，教师应灵活采用多种教学方式、方法，引导、帮助学生理解并掌握教学内容

教师在讲解时，要根据教学对象的汉语水平选择适当的语速，发音清晰洪亮、抑扬顿挫，情绪饱满，营造活泼生动的课堂氛围。针对不同的语言点，选择恰当的教学方式、方法，激发学生的学习兴趣，提升学生参与的积极性，对于学生学习过程中遇到的难题，教师应及时发现并解决，以顺利地完成教学任务。

专家点评

新手教师的首堂线上汉语课取得了较为满意的效果，究其原因，"首战告捷"的"秘诀"不外乎以下几点：

第一，课前准备细致充分。老师在接到教学任务后，并没有急于制作教学课件，而是首先对三个语法点进行了全面、细致的分析，结合三个语法点的学习难度差别及学生前期的学习情况进行综合考量，在此基础上对教学重难点的安排及教学时间的分配做了整体规划，为后续顺利开展教学奠定了基础。

第二，第二语言教学意识较强。蔡老师虽是作为新手教师"初次登台"，但展现出了良好的专业素质，例如在语法点练习过程中，能够有意识且恰当地使用第二语言教学方法，诸如图片法、情景法等，通过图片的展示、描述和日常生活中真实情景的融入，将较为抽象的语法规则以生动、可理解的形式展现给学生；又如，能够有意识地引导学生多开口、多表达，而非自己一味地讲解。从案例的描述中可以看出，学生在课上的开口率还是比较高的，表达的愿望也较为强烈。

第三，练习设计实用有趣。老师在讲练三个语法点时所使用的例句及所设置的情景均与日常生活联系紧密。例如，在讲解疑问代词的任指用法时，给出例句"这个小女孩儿很可爱，我们谁都喜欢她。"和"天气太冷了，我哪儿都不想去。"；在讲解虚指用法时，给出例句"朋友要过生日了，我应该买点儿什么礼物送给她。"等，这些例句均与学生的日常生活息息相关；在讲解疑问代词的特指用法时，为学生创设了"运动会""旅行""逛超市"三个情景；在讲解"先……再/又……然后……最后……"时，又为学生设置了早起事项安排和旅行路线规划等情景，这些均是日常生活中常见的情景。这样的情景表达练习具有较强的实用性、交际性和趣味性，学生掌握了相关的语言表达之后即可在日常生活中运用。

第四，线上教学意识清晰。虽是初次进行线上教学，但蔡老师"未雨绸缪"的意识较强，在课前对线上教学过程中可能出现的问题进行了预测和评估，本着高度负责的教学态度，在准备阶段努力学习和掌握平台的各项功能，上课前早早进入了教学平台，并对设备进行了认真调试。案例中提到教学过程中也确实受到了天气、网络信号等客观因素的影响，但学生依然能够积极主动地回应教师，除了学生的配合之外，相信这与教师课前的充分准备与课中的镇定表现也不无关系。

蔡老师的首堂线上汉语课优点颇多，但经过客观分析，我们认为案例中所反映出的一些不足也同样不容忽视。

首先，语法点教学时间分配不够合理。教学时间分配得不合理，一方面体现在不同语法点的教学时间安排上，另一方面体现在同一语法项目内部的讲解时间分配上。前者的主要问题是，在75分钟的语法讲练中，后两个语法点的教学只花了10分钟左右，这明显不合理，即便后两个语法点的教学难度相对较低，学生理解起来也较为容易，但这么短的时间很难讲练到位。例如，许多外国学生用"一边……一边……"这个格式造句时，容易造出"我一边听老师讲，一边觉得不懂。""我一边写作业，一边很困。"这样的偏误句，这就说明学生并没有真正理解"一边"后面的两个动词所表示的动作不仅是可以同时进行的，并且还应该是同类的。教师在教学时要对容易出现偏误的情况加以强调，并进行有针对性的练习、归纳。后者的问题在于，在讲解疑问代词的非疑问用法这一语法点时，任指、特指、虚指这三种用法的讲练时间分配不合理。从学习难度上讲，疑问代词的虚指用法要难于任指用法。汉语中疑问代词的虚指用法在其他语言中是非常少见的，所以对于外国学习者来说既不容易理解，也不容易掌握，是汉语学习的一个难点，且该用法在汉语日常口语表达中使用频率较高，因此也是一个教学重点。教师对这一用法的讲练仅安排了10分钟，所给例句不丰富，情景展示不充分，讲解与练习均不到位，学生恐怕很难真正理解疑问代词虚指的意义及用法，因此，教师应对语法项目的重难点进行细化并平衡好教学时间。实际上，我们不建议教师将所有的语法点都集中在一堂课中讲解，这样做既容易造成难点集中，给学生带来压力，又容易使教学内容单调、枯燥，最好将语法教学与课文教学、生词教学等结合起来。试想，孩子在长身体，是一次只给他做一道菜好呢？还是荤素搭配更好呢？显然后者更容易让其食欲大增，营养加倍。

其次，讲解过程中语法术语使用过多。蔡老师在讲解三个语法点时，多次使用语法术语进行讲解。学生学习某项语法点，是要理解并掌握其语法结构、语义和语用，而非语法术语，教师大量使用语法术语会给学生（尤其是初级水平的学生）造成理解上的压力和困难，此时的语法规则讲解更像是"塞给"学生的，而非学生主动接受的，并且这种讲解方式较为枯燥，这也是蔡老师在讲解时课堂一度沉默的原因。我们以疑问代词的任指用法为例，建议教师采用归纳法进行讲解。以语法点的展示环节为例，教师可先采取"以旧带新"的方式，即通过例句唤起学生对之前学过的疑问用法的回忆，顺势引出新的用法；然后通过图片或视频展示、情景导入等方法，结合教师提问、学生回答的方式，引出疑问代词任指用法的例句，教师可展示某演员的照片并问学生："你们知道他吗？"学生回答："知道！"教师给出解释："你知道，我知道，他也知道，我们可以说'谁都知道他'。"再如，教师问学生："来中国以后你们去过唐山吗？"学生回答："去过。"教师问："还去过哪里？"学生回答："没有了。"教师给出例句："在中国，除了河北唐山我哪儿都没去过。"像这样多设置一些例句，再将这些例句展示在PPT上，并标记出每句话中的疑问代词和句末的标点符号，引导学生发现这些句子中疑问代词的意义和用法与之前所学用法的不同之处，最后教师将疑问代词表任指的语法结构、特征及其用法用简洁、准确、可懂的语言为学生进行归纳总结。在练习环节，可以通过选词填空、改写句子、回答问题等形式进行训练，例如，教师可以提问事先准备好的问题，也可以让学生互相提问，要求使用疑问代词的任指用法，以加强互动，提高学生的开口率。语法项目的学习最重要的是运用，因此在应用环节，教师可以引入生活中的真实情景引导学生表达，通过对话和角色扮演来完成交际任务，例如，一人扮演HSK考试失利的留学生，另一人扮演他的中国朋友，对话可能产出"我今天心情不好，哪儿也不想去。""我什么都不想吃。""我谁都不想见。"等这样的句子；再如，一人扮演刚到中国的留学生，另一人扮演采访她的记者，对话可能产出"我什么汉语也不会说。""我谁也不认识。""我哪儿都没去过。"这样的句子。教师要在学生的实际表达和运用中了解他们是否真的理解和掌握了这个语法点，而不是询问学生："听懂了吗？""明白了吗？"学生以为的"懂了"，往往可能不是真的"懂了"，即便真的懂了，也并不代表就能够在交际中准确、得体地运用了。

最后，语法点的分项讲解过于烦琐。教师将疑问代词的非疑问用法分为任指、特指、虚指，分别进行讲解，内容较为烦琐，很可能造成学生理解困难，当然，这么做可能是由于受到了教材编排的影响。《汉语教程》（第二册下）第十八课的语法释义中介绍了疑问代词非疑问用法的三种情况——任指、特指、虚指，而《国际中文教育中文水平等级标准》中则将"疑问代词+都"和"疑问代词+疑问代词"（分别对应教材中的任指和特指用法）这两种形式都归入了任指用法。从语义表达的角度考虑，"你想吃什么就吃什么"中的"什么"与"我吃什么都行"中的"什么"所承载的意义是相似的，因此建议将特指用法归入任指用法，一方面便于归类，另一方面也方便教学，减轻学生的学习负担。教师在教学中要做到能够对教材中的内容进行灵活处理，适当的时候要对教学内容"做减法"，精简过于烦琐的内容，使教学效果达到最优化。

结合本案例中的教学实际，我们对新手教师提出以下几点建议：

第一，教师在讲解语法点之前需要对该语法点的相关研究成果进行全面、深入的了解，并考查语法大纲和主流教材中该语法点的编排情况，做到"吃准"语法点、"吃透"语法点，教学中不讲或少讲语法术语其实是对教师提出的更高要求。

第二，学生学完某项语法点之后，在实际运用中可能依然会出现偏误，偏误产生的原因是多方面的，包括但不限于母语知识的负迁移、目的语知识的过度泛化、学习策略、教材和教师的因素等，这就要求教师在教学中多用心，做个"有心人"，例如，及时了解学生的母语情况并进行汉外对比，借助语料库提前了解常见偏误，积极探索科学的教学方法等。教师在语法点讲解中频繁地进行英汉对照，实际上这种方式是有待商榷的，例如"先"与"first"，"最后"与"finally"无论词义、用法，还是在句子中的位置都不是完全一致的，教学中这样一对一地翻译可能会导致学生出现偏误，因此，对于翻译法应该慎用。教师在每一轮教学中都要善于总结和反思学生的偏误情况，不断积累教学"财富"，后续教学就能更加有针对性地进行讲练，最大限度地降低偏误出现的概率，做到"防患于未然"。

第三，线上教学在很大程度上限制了教师的非语言表达，且由于互动不便，某些练习和活动也难以开展。对此，教师要善于利用多媒体教学资源，多使用生动的图片、动图、小视频等，师生还可以自行拍摄小视频，逐步完善教学资源。线上教学教师要努力创设多模态环境，增强语法教学的可理解性和趣味性。

本案例中教师还提到了一个困扰她的问题，即学生的出勤情况不容乐观。线上教学出勤率不佳是一个常见问题，而出勤情况会对教学效果产生至关重要的影响。那么，如何提高出勤率呢？

我们认为，教师风趣幽默、素质过硬是吸引学生的"法宝"，但有时候只靠用心教学恐怕还是不够的,教师还应通过制度的约束,培养学生的责任意识,激励每一名学生对自己的课堂行为负责。当然还可以在教学策略上使用一些"小心机",例如,将每堂课的教学重点适当安排在课程刚开始的一段时间里,或者上课时首先对前一节课的重点内容进行听写、测验,将结果计入平时成绩,为学生创造"不得不按时来上课"的氛围。除了上述方法之外,教师对每一名学生的关怀当然也必不可少。课下应多与学生交流沟通,了解学生的实际情况和遇到的困难,积极鼓励学生、帮助学生,花心思设计一些可以增强班级凝聚力的活动。总之,让学生感受到教师的爱心、耐心、责任心,学生就会带着信任、尊重、热情按时来上课,用心来上课。

思考与讨论

- 目前的线上汉语教学存在哪些优势与局限性?
- 针对线上汉语教学的局限性,你认为可以采取什么样的解决方法?
- 如何上好第一堂线上汉语课?教师应当注意哪些问题?
- 对于汉语语法教学来说,线上教学与线下教学主要有哪些不同之处?相比案例中的教学设计,你有更好的教学建议吗?

送你一朵小红花

导读:不同语言之间书写系统差异较大,因此,对于非汉字圈的汉语学习者来说,汉字比较难学。面对线下至线上教学方式的转变,如何开展线上汉字教学才能让学习者更好地接受,成为学界亟待解决的一个问题。蔡老师利用字源图画设计了一堂别具匠心的线上汉字课,对于从未接触过汉语的零基础学习者来说,他们能接受吗?课堂气氛会怎样呢?希望这则案例能为线上汉字教学带来些许启发与感悟。

案例背景

课型:汉语综合课。

教学环境:教师处于目的语环境,教学对象身在巴基斯坦、阿富汗、非洲国家或地区;汉语作为第二语言教学。

教学对象:全班共70人,其中以男生居多,年龄在18~25岁,来自巴基斯坦、阿富汗、非洲国家或地区;临床医学专业,大学本科一年级学生,没有进行过汉语学习,汉语水平属于零基础。

教学方式:腾讯会议线上平台直播教学。

教学语言:主要使用汉语授课,必要时使用英语加以辅助。

教材:本次案例课程所用教材是北京语言大学出版社出版的由杨寄洲主编的《汉语教程》(第一册上)。根据教材说明,其适用于第一学年学习汉语的学生。

案例描述

事情的起因要从一份作业说起……

像往常一样,我打开了每日接收留学生汉语作业的坚果云信箱。看着他们一笔一画抄写的生词与课文,我不禁为这种热衷汉语学习的态度而感动。

批阅到 Ahmad 的作业时,在不平整的纸张上我发现,有一个汉字的书写看上去十分别扭,这个汉字就是教师的"教"。

我清楚地记得,在上节课的课堂上,因为并没有要求学习书写汉字"教",因此我本打算略过其练习部分,只是让学生掌握"教"的含义。没想到,Ahmad 用麦克风跟我说道:"老师,写一写吧。"之后,又陆续有多名学生表示想让我带领大家写一写这个汉字。这种情况的出现是由于汉字"教"对于留学生而言,其结构有些许复杂,笔画也较多,因此学生自己无从下手。如果不要求掌握书写,日后随着时间的推移,整个字的形象、意义会逐渐淡化,而这对相关生词的理解、记忆乃至语言交际是不利的。

于是,我马上打开画笔工具,向学生们发出"举起你的手,或者拿出你的笔,一起来写一写"的指令:

横、竖、横撇、横撇、竖钩、提、撇、横、撇、捺。

大家一边说笔画名称,一边按顺序练习书写,三遍过后,同学们大多表示可以继续往下进行,我也理所当然地认为学生对"教"字已大体掌握,没有多想便继续展开后续的教学内容。直到看到 Ahmad 的课后作业,还有其他学生的作业,我才发现,几乎所有学生都不约而同地在这个汉字的书写上出现了错误,我开始反思,也便有了开头的一幕。

针对留学生的汉字书写偏误现象,结合当时的情境,究其原因,我认为主要有以下几点。

其一,根据教学课程安排,所教班级没有单独开设专门的汉字课,有关汉字书写等内容常穿插于综合课中进行。在综合课中,教师一般会按照生词、语法、课文的顺序讲解,若一堂课在讲解完前三部分内容后,还有剩余的时间,才会对汉字展开简单的练习;若时间没有富余,则直接省略汉字的讲解与练习,完全依靠学生自学。

其二,汉字本身结构复杂,笔画多,对于使用拼音文字的巴基斯坦等国家的汉语学习者来说,汉字与其母语书写系统存在较大差异,因此,汉字学习与掌握起来较为困难。

其三,笔画是汉字教学的基础,笔画教学法作为传统的汉字教学方法,采用反复、机械性的书写练习,使学生逐步掌握正确的汉字笔画形态及顺序,因其操作方便,在对外汉字教学中备受推崇,应用也最为广泛。但该方法的优势也是其弊端所在,它将汉字整体字形拆分成很多笔画,背离了汉字本身的特点,割裂了汉字形音义之间的联系,实际上增加了学习者的记忆负担,容易挫伤他们的识字积极性,最终失去学习汉字的趣味性。因此,仅凭课上的少许时间,外加课后作业的练习时间,其效果可想而知,并不理想。

此外,在线上汉字教学过程中,师生交流互动少,互动形式也较为单一,多为教师利用画笔工具在屏幕上共享与范写,并不能实时观察、监督学生的真实情况,这些都会对课堂教学效果产生负面影响,不利于留学生汉字水平的提高。

为了让学生哪怕多学会写一个汉字,甚至只是提升一点儿学习汉字的兴趣,不再觉得汉字难,我开始为下次课的汉字教学进行构思……

我还记得初识"汉字叔叔"是在2017年的《开学第一课》的舞台上,在该节目中,北京师范大学王宁教授讲解了"汉字作为中华文化的精神之源",也是从那时起,我便对汉字的起源产生了浓厚的兴趣。几千年来,汉字从甲骨文一步一步发展到今天没有中断,这其中包含了我们祖先多少的智慧与心血,又是多么奇妙与令人骄傲的事情。那时,还在上大三的我便下定决心,如果有机会走进真正的留学生课堂,一定要将字源与现代汉字相结合,带给学生不一样的汉字体验,让学生能在理解、记忆汉字的同时,领略中华文化,收获两全其美的效果。

我像是突然受到了启发,这不正是再好不过的机会。

于是,我在留学生的作业中挑出了几个出错率较高的汉字,又翻开教材联系新课文中要讲授的内容,还查阅了各种有关汉字起源与发展演变历程的书籍、网站,选取了有关汉字图画与汉字释义的资料,最终确定了"教、事、想"这三个汉字作为下次课的主要实验对象。

周一的早上,我开启腾讯会议,走进线上课堂,对学生说:"老师课下批阅了大家的作业,大家写得都很不错。不过呀,老师没想到有一个汉字很多同学都写得不对,下面呢,我们就再来一起学习一下。"

随着共享屏幕上出示汉字"教",学生马上便大声地朗读出来,发音非常清晰、标准。还没等我发出指令,有学生便说:"老师,我拿好笔了,我们来写吧。"要是往常,我肯定又惊又喜,但这次我却说:"同学们,我们先不着急写。现在呢,请大家睁大你的双眼,仔细地看一看这幅图片(图1),想一想,猜一猜,这是什么?"

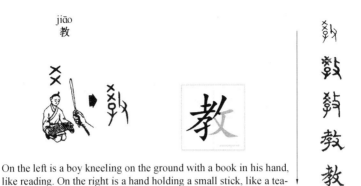

图1 "教"字的含义和演变

PPT上赫然放着"教"字的字源图画,左边是一个小男孩儿跪坐在地上,手里捧着书正在学习,右边又伸出另外一只手,拿着根小木棍像是在教导。没想到,马上就有学生用英文说出了"a boy""reading""a stick""hand"等词语,听到这些,我内心原本紧绷的弦霎时松了一点儿,不错,学生看懂了,能够用自己的话说出图画想表达的意思。

于是,我整理了学生们说的内容,连成一句话朗读并出示在屏幕上:"On the left is a boy kneeling on the ground with a book in his hand, like reading. On the right is a hand holding a small stick, like a teacher teaching."学生们听完,马上予以我回应:"Yes!""Amazing!""Wow!"

接下来,我又出示了提前准备好的汉字"教"从甲骨文到楷书的演变过程,并用英语向学生解释:"This is the origin, the earliest appearance of Chinese character '教', after a long period of time, it has changed, changed and changed, today we write it like this."

利用字源讲解汉字的过程到这里就算结束了,然而关于整个汉字的讲解并没有完成,因为学习汉字最终的落脚点还是要回到笔画的书写上。我又带领学生们跟随笔画的动态演示,再次练习了几遍,"教"这一汉字的学习才算结束。

后面,我正式进入了新课讲授环节,按部就班地进行生词的讲解,在讲到生字"事"时,除了朗读、组词以外,我同样拿出了字源图画来帮助学生理解并建立字形与字义之间的联系。在"事"字的字源(图2)中可以看到"一只手握弓箭的样子",学生也用英语将其准确描述了出来:"The bottom of '事' is a hand.""Like a hand holding a bow and arrow hunting."为了让学生理解得更加透彻,我又补充道:"Because the main thing for people in ancient China was hunting and getting food. Now life is better so it indicates anything."

shi
事

The bottom of "事" is a hand.

Like a hand holding a bow and arrow hunting.

Because the main thing for people in ancient China was hunting and getting food. Now life is better so it indicates anything.

图2 "事"字的字源

在我看来,解析汉字这一步骤在汉字教学中至关重要,必不可少。根据字源图画及汉字字形的演变,我将"事"字拆分成三部分,边说边进行记忆与书写练习,先写横和口,再写手,最后写竖钩,表示当我们做一件事时,要先用嘴巴与人沟通交流,再用手认真去做,这样才能把事情做好,获得好的结果。

随着"事"字的讲解完成,通过麦克风传来的是学生们的欢呼声,还有留言框里突然出现的表情"鼓掌""送花"等,而这些是以前线上课堂汉字教学环节从未有过的。

我抑制住内心的喜悦,顺其自然进入汉字"想"的讲解。

"想"字的构造更为明显,可拆分成三部分进行记忆,联系图画,学生便说出了"树木、眼睛、心"等词语。与前两个字不同,这次我选择让学生自己试着将这几个词联系起来,组成一句话,表示汉字的整体意思。其中,有一名学生说:"老师,这个字是不是说我们的眼睛看着树,心里也会想着树,看到的东西和想的是一样的,所以这个字的意思是'to think, to want to'。"

我立即进行表扬,对学生们说:"你们说的都很对!看来'想'这个字不用老师的帮助大家便都学会了!你们真棒!"初学者在听到教师这样明确的肯定后,内心的满足感会于有形中彰显得更为热烈,正如那屏幕中的笑脸、聊天框里的小红花连绵不断……

这堂线上汉字课的成功不仅是对字源识字法的肯定,也是对我自身多年来未了心愿的完成,更是对身为国际中文教师责任与使命的信守与忠诚。愿我们在通往国际中文教育事业未来发展的道路上,都能够持续地乘风逐梦,踏浪前行!

教学反思

  线上教学已然成为一个既熟悉又陌生的领域,持续活跃在国际中文教育事业的舞台上。对于国际中文教师而言,汉字学习一直是传统线下教学的难点,而线上教学方式的出现,无疑为其带来了一次机遇与挑战,"线上+汉字"作为一个新鲜事物,二者之间会碰撞出怎样的火花,这一切都需要实践来证明。

  西南大学彭万勇(2008)率先将字源识字法应用于对外汉语教学中,提出了对外汉字字源识字法,并从汉字的认知特点、汉字的起源及演变历程、语言学规律、心理学理论四个角度建构起字源识字法的理论大厦,使该教学法显现出巨大的生命力。

  字源识字法在对汉字字形追根溯源的基础上,结合汉字演变脉络,探寻汉字最初的本义、常用义与其文化内涵之间的关系,能够帮助外国学习者从理性认知的角度掌握字形、字义,形成对汉字的整字认识,提高学习兴趣与识字效率,实现汉字教学与文化传播的共赢。

  事实上,将字源识字法引入留学生的线上汉语课堂中我早有打算,而这次学生作业成为彻底激发我改变线上汉字教学现状的导火索。

  既然传统汉字教学法的弊端在学生作业中显露无遗,作为教师的我便要及时采取措施。虽然学生的汉语水平不高,处于零基础阶段,但我并没有因此退缩,反而相信在充分把控好教学语言的情况下,能够将汉字的构形与字义讲解清楚,学生也能够理解。也正是这样,我在解析汉字字形、讲解字义时,将英语与足够简单的汉语作为主要教学语言,最终看到了满屏"小红花"的线上课堂,感受到了字源识字法的神奇效力,也明白原来线上汉字教学还可以这样做。

  不过,任何事物都具有两面性,字源识字法有其优势所在,自有其局限性。

  课堂中,我只选择三个汉字作为实验教学对象,除了因为教学任务繁重外,也是由于若讲解每个汉字均采用字源识字法,时间成本相对较高,很容易造成拖堂、无法完成既定教学目标的情况。

  在备课过程中,我花费了一定时间与精力进行相关字源资料的查阅与筛选,并且尽可能保证最终选取的知识的科学性与准确性,以免对学生产生误导,而这对教师的专业素质、汉语言文字知识储备提出了很高的要求。

  虽然字源识字法适用范围较广,但并不是每个汉字都能够利用该方法进行教学,起码对于某些汉字而言,字源识字法会将其复杂化,这时,传统汉字教学法便又重新回到了我们的视线中。

汉字教学的目标应该是在最短的时间内,让学生记忆、理解并掌握足够多的汉字。因此,作为国际中文教师,要秉持专业与虚心、融通与接纳的态度,顺应国际中文教育的未来发展方向,借助网络平台与技术的力量,充分结合并发挥各类汉字教学法的优势,助力线上汉字教学发展得愈来愈好。

教学建议

一、线上汉字教学,课程内容是王道

线上汉字教学所包含的知识与内容往往不限于针对汉字字音的认读和按照正确的笔顺进行书写练习,而应更加侧重解析汉字的内在含义,在讲解过程中同时传播超出汉字本体知识的有关其构形与文化方面的知识。这无论是对于幼儿学习者还是已经成年的汉语学习者来说,可能正是他们的兴趣所在。

二、线上汉字教学,多媒体与网络是支撑

现代多媒体技术与丰富的网络资源为线上汉字教学提供了良好的条件与支撑。利用高清动画视频等资源,能够激发与调动学习者的视听感官功能,抓住学生的注意力,延长学生专注的时间,进而完成对汉字的认知与理解,促进教育向特色化与均衡化发展。课程教学平台的画笔工具,替代性发挥了线下课堂中粉笔的功能,这种可视化、现代化、多样化的教学资源与途径,让学生能够在轻松愉快的氛围中掌握汉字知识,使记忆汉字变得更加轻松,尤其对初步学习汉语的学生来说很有帮助,课堂教学目标的达成与落实也会事半功倍。

三、线上汉字教学,交流互动是必要手段

传统汉字教学法一般步骤为:教师范写,学生跟写,重复练习后直接进入下一个环节。传统汉字教学法在汉字细节的把控上自有其优势所在,但在线上课堂中其优势便不易凸显。因此,教师需另出奇招,适当采用字源讲解、游戏、猜字谜等形式,激发学生的想象力,促进师生、生生、人机间的互动交流,以达到最终利用汉字进行交际的目的,获得语用的能力。

专家点评

教授零基础学生学写汉字,两次上课运用的教学方法不同,效果也很不一样。为什么第二次上课效果明显好于第一次?为什么第一次课之后学生的汉字书写作业反馈"几乎不约而同地出现了错误"?我们来看看这两次课的不同(表1)。

国际中文汉字教学的两大教学理念为"集中识字"与"分散识字"。"集中识字"是根据汉字本身的认知规律进行教学,以汉字构形规律为切入点,先独体字再合体字,利用常用构字偏旁、形声字等的特点,形成"基本字带字"的归类识字理念。"分散识字"也即"随文识字",它最大的特点是"字不离词、词不离句、句不离文",强调在课文中、在语境中识字,在语言训练中首先掌握字词的音义联系,然后再落实到汉字的形音联系和形义联系上。

表1 两次课的不同

	第一次课	第二次课
教授缘由	学生要求学	教师认真挑选、精心准备
课堂活动	朗读	朗读
	组词	组词
	学生跟教师书空	看字源图片猜意思并讲解
		讲解字形演变过程
		学生跟笔画动图书空

教师的两次汉字教学课都是秉承"分散识字"的理念,在上汉语综合课时把识字教学与听、说、读、写等语言训练有机结合起来,先音义结合,后音形义结合。此外,两次课都遵循"书文同步"的教学原则,课文中新出现的汉字、生词,要求学生会读、会认、会写、会默("四会"),即使有些汉字因教学时间有限教师无法在课堂上讲授,也要求"四会",然而,两次课取得的教学效果却不尽相同,这主要得益于以下两点:字源识字法;现代教育技术与国际中文汉字教学的融合。

何为字源识字法?字源识字法与字理识字法(理据识字法)、"新说文解字"法一脉相承,都是基于汉字形体结构的理据而提出的一种识字教学方法,它以甲骨文、金文、小篆、隶书、楷书等汉字的形体演变为经,以许慎提出的象形、指示、会意、形声等"六书"为纬,通过挖掘汉字的造字理据与演变特点,揭示汉字形音义三者相互联系的内在规律,建立起汉字音形义之间的有机联系,从而达到识记汉字的教学目标。

字源识字法有何独特的魅力?它在教学中能发挥怎样的作用?

其一,激发了学生的学习兴趣。

兴趣是最好的老师,也是学生学习的最大动力。子曰:"知之者不如好之者,好之者不如乐之者。"学生是学习的主体,教师在传授知识时,要对学生适时引导,使其在教师的指导下有目的、有计划地学习,激发学生强烈的求知欲和学习动机,从而使学生自觉自愿地参与,真正实现由"要我学"向"我要学"转变。该教学案例中蔡老师通过追溯汉字的字源,将"教""事""想"这三个汉字的形体与其表示的意义相结合,激发了该班学生学习的兴趣,活跃了课堂气氛,使其转变学习态度,由被动变为主动,并不约而同地在聊天室弹出"小红花",露出灿烂的"微笑"。

其二,降低了学习难度。

字源识字法主要依据象形、指示、会意、形声等"六书"的理据解释汉字的构造原理及其演变过程,使本来抽象、复杂的汉字教学具象化,帮助学生建立起"形义""形音"的联系,加深了印象,有效降低了汉字学习的难度,强化了学习效果。

其三,提升了学习者的思维能力。

字源识字法在识字教学中体现了先民造字的思维特征:由具象到抽象。"近取诸身,远取诸物。"先民们通过观察与把握客观事物的典型特征,根据日常生活需要创造出了很多象形字,随着抽象程度的加深,创造汉字的方式也由象形扩大到指事、会意、形声,形体上则经历了甲骨文、金文、小篆、隶书、行书、草书、楷书等。运用字源识字法教授学生汉字时,学生在掌握知识的同时,还能体验到这种思想的变化,从而提升抽象思维能力。

在该教学案例中,蔡老师展示完所讲汉字"教""事""想"的字源图画后,并没有急于讲解字源知识,而是让学生观察后猜测,教师再进行总结归纳。另外,在讲解这三个汉字时也遵循了由易到难、循序渐进的原则。"教"和"事"的字源意思是教师为学生搭好脚手架,与学生协商而得,到教授"想"时,则是由学生自主总结出其字源意思。这不仅有利于调动学生的学习积极性,而且有利于开拓学生的思维,提升他们的思维能力。

其四,增强了对汉字与中华文化的热爱之情。

汉字是中华民族几千年文化的瑰宝,字源识字法可以向学生展示汉字造字法与形体演变体现的中国人独特的理念与智慧、蕴含的中华民族的思维方式与价值观念、蕴藏的深厚的历史文化底蕴,这些都增强了学生对汉字、对中华文化的热爱之情。

当然,在具体汉字的教学中我们也要"因字而教",适度而非泛化地运用字源识字法。比如,那些字源义与常用义相差甚远,字源解释会让其更加复杂的汉字,则可以使用其他汉字教学方法或技巧,如联想识字法。

2018年4月,教育部发布《教育信息化2.0行动计划》(教技〔2018〕6号),指出:"坚持信息技术与教育教学深度融合的核心理念。"2020年,《中共中央关于制定国民经济和社会发展第十四个五年规划和二〇三五年远景目标的建议》中明确指出:"发挥在线教育优势,完善终身学习体系,建设学习型社会。"可见教育信息化已成为现代教育改革的主要任务,是教育现代化发展的有效途径之一。

目前,国际中文汉字教学在积极探寻与现代教育技术深度融合的方式,针对国际中文教育汉字教学信息化越发明显的趋势,相关研究主要集中在以下几个方面:

一是多媒体汉字课堂研究。潘先军(2000)基于汉字"认"和"写"的关系,指出将计算机汉字输入的方法运用于对外汉字教学中有三大优势,并提出汉字教学的原则应是"精写多认"。靳洪刚(2004)的实证研究结果显示,采用不同多媒体呈现汉字时突出汉字部件组合的方式最为有效。陈勇(2016)从"学伴用随"原理出发,提出可利用计算机、手机等构建汉字认读或书写情境,构建了新型的国际中文汉字教学模式和教学流程——"生字释义→拼读→创设会话→试写→拼打→课后'复'打→回发练习",并通过实验证明,这种模式和流程有利于快速提高学生的汉字认读能力。

二是网络教学。刁静(2010)对多媒体字源识字法进行实验研究,结果表明,多媒体字源识字法在对外汉字教学中可行且有效,并设计出有效的网络教学实施的方案。

三是汉字教学软件研究。刘庆俄(1988)研制了大量汉字教学软件。郑艳群(1996)在汉字字典中运用多媒体技术直观、形象地展示了汉字的形、音、义。卜学海、任翔(2012)以"连连看"为平台,设计研制出了供第二语言学习者使用的"汉字连连看"游戏软件。任翔、任飞翔、贺卫宏（2013）依据计算机辅助语言学习理论，从分析汉字部件的教学现状入手，设计和实现了对外汉语汉字部件计算机辅助教学软件。

四是数据库建设。汉字教学可以借助信息智能化手段，通过错字、别字数据库预测教学重点和难点，"信息化、智能化融入教育是未来教育发展的必然趋势"（李东伟，2022）①。汉字相关数据库主要有北京语言大学外国学生错字别字数据库、北京语言大学欧美学生错字别字数据库。

综观上述，随着国际中文教育事业的蓬勃发展，国际中文汉字教学的信息化程度也在逐年加强，成绩斐然。但是有关研究方向主要集中在汉字教学软件开发与多媒体课堂教学上，其他领域涉及较少，将现代教育技术与国际中文汉字教学进行融合的深度和广度都有待于进一步提高。怎样建立优质的数字化教学资源，加强教学资源的合作开发和整合？怎样构建学评教一体化的国际中文汉字网络教学平台？怎样合理、有度地利用网络教学平台进行国际中文汉字教学？这些都值得我们进一步研究与深思。

思考与讨论

- 汉字学习的最终目的是书写吗？
- 在线上汉语课堂中，教师该如何进行汉字教学？线上汉字教学与线下汉字教学相比，有哪些独特性？
- 除传统笔画教学法、部件教学法以外，你还知道哪些国际中文线上汉字课堂教学小技巧？

---

① 李东伟.国际中文教育相关专业外籍博士生人才培养研究[J].天津师范大学学报（社会科学版），2022（6）：24-28.

一场有关"爱情"的"破冰行动"

导读：古语云："祸兮福之所倚，福兮祸之所伏。"线上教学模式的蓬勃发展在一定程度上突破了国际中文教育的时空限制，降低了学习门槛，但其弊端也不容小觑。由于线上课堂中的教师和学生不能面对面互动，只能隔着屏幕交流，因此学生在学习相对枯燥的内容时，积极性明显不高。这时，便急需新颖、有趣且与课本知识相契合的补充性内容来抓住学生的眼球。顺应传统文化的复兴热潮，跟随文化强国的建设脚步，国际中文教育越发与时俱进。国际中文教师在语言教学的基础上，适当传授文化知识，不仅可以调动学生的积极性，还能让学生更好地理解课本内容。语言与文化相得益彰的教学模式到底会产生怎样的效果？接下来，让我们走进课堂，一起感受"爱情"散发的别样魅力。

案例背景

课型：汉语写作课。

教学内容：《汉语写作教材》的第十三课"一件小事"。

教学环境：教师处于目的语环境，教学对象身在越南；汉语作为第二语言教学。

教学对象：越南河内第二师范大学中国语言文化专业本科三年级学生，已学完 HSK 3 内容，正在学习 HSK 5；年龄在 20～22 岁；学生男女比例为 1∶29；多数学生性格内向，缺乏学习汉语的积极性，上课时即使被教师点名提问也会保持沉默，不愿回答问题；少数学生性格开朗，汉语水平较高，愿意与教师互动；授课初期学生出勤率较低，后期有所改善。

教学方式：腾讯会议线上平台直播教学。

教学语言：主要使用汉语进行教学，必要时使用英语解释。

教材:本次案例课程所用教材是越南河内国家大学下属外国语大学中国语言文化系编写的《汉语写作教材》,供大学三年级使用,符合本次教学对象的水平。

案例描述

单一事件记叙文是我们这堂课的主要学习内容。课前我做了较为充足的准备,发现本章的首篇课文是鲁迅先生的《一件小事》。通常,记叙简单事件的文章因其使用材料较少,材料对文章的质量便起到决定性作用。鲁迅先生的文章向来有着深刻的主题,也许会有学生向我发问:"老师,鲁迅先生用'倘'表示'如果',用'伊'表示'她',用'熬了苦痛'表示'忍受精神痛苦',那我们可以这样写吗?"思来想去,我决定提前整理好与文言文、白话文有关的补充性内容,以备不时之需。备课结束,我信心满满地迎接第一堂课的到来……

清晨的阳光洒满整个屋子,距离正式上课还有半小时,我提前检查好网络设备,准备好电子教材和PPT讲义,以求万无一失。想着这群学生的年纪与我相差无几,我们应该会有许多共同话题,他们应该会很喜欢我的写作课,我越想越开心,迫不及待地想要见到他们。随着时间的推移,学生们陆续进入教室:一个、两个、三个……十六个、十七个、十八个……十八个……怎么回事?我们班有三十名学生,怎么才来十八个人?时间一分一秒地过去,面对这难堪的情景,我的心跳开始加速,汗水也悄悄浸湿了衣衫。难道是会议室链接出了问题?我迅速检查网络设备,并与助教取得联系,确认了课程安排。直至最后,我不得不面对一个残酷现实:学生只是单纯不想来上课而已。

看来学生对写作课的兴趣并不高,理想与现实的差距给了我沉重的一击。不过,作为国际中文教师,我不能为眼前的境遇所困,调整好心态,及时找到应对措施,为在场的学生继续授课才是正解。于是我平复心情,按照原计划做了自我介绍,并鼓励学生自告奋勇,简单介绍自己。绝大多数学生依旧保持着沉默,但也有几名女生选择了发言。我拿出纸笔,认真记录她们的名字、喜好和性格,希望能够通过这种方式拉近彼此的距离。随后我又任命了一名性格相对开朗的女生担任班长,并请她转告那些没来上课的学生:"要遵守校规校纪,汉语高级写作课不会为难学生,但也会定时考核出勤率。"我心想,这种告诫也算恩威并施了吧。事实也证明,这招还是蛮管用的,从第二节课起,写作课便极少有人缺席了。

自我介绍环节结束后,我开始正式授课,以教材为纲向学生讲解记叙文,并在教材知识的基础上为学生补充讲解插叙和侧面描写等重要内容。一切都很顺利,可当我带领学生默读鲁迅先生的文章时,一个嘹亮的声音打破了原有的寂静:"老师!为什么我读这篇文章时会有种不舒服的感觉?"我先是一愣,惊诧果真有学生提出了相应问题。随后便深感庆幸,皇天不负苦心人,还好我事先有所准备,不然面对这突如其来的发问,我或许会解释不清。于是,我通过共享屏幕将与之相关的补充性内容展示给学生。

首先,我向学生们解释了这是补充性内容,只需理解,无须记忆。接着,我又分别讲解了文言文和白话文的概念及其实例。我当时纠结过是否要向学生介绍文言文的概念,但考虑到我们正在学习的是汉语高级写作课,学生应该对文言文这种用来记载中国历史的文体有所了解,因此文言文的补充教学还是有必要的。后期的教学实践证明了此举的正确性,恰好教材的第十五课涉及了"晋平公秉烛而学"的典故,因为提前让大家了解过文言文知识,所以在学习这个典故时轻松许多。随后,我将白话文一分为三:古代白话文,即唐宋之后以北方话为基础形成的书面语,例如中国四大名著;近代白话文,即五四运动之后以当时的口语为基础形成的书面语,例如鲁迅先生的文章;现代白话文,即以现代汉语口语为基础形成的书面语。最后,介绍完这些概念性内容,我又对学生的问题做出了具体解答:"我们之所以在阅读鲁迅先生的文章时会有一种不通顺的感觉,那是因为鲁迅先生的作品属于近代白话文,其词汇与现代白话文略有区别,例如,鲁迅先生会用'倘'表示'如果',用'伊'表示'她',用'熬了苦痛'表示'忍受精神痛苦',但现代白话文几乎不这样使用了。因此我们在学习《一件小事》的词汇部分时,应以理解为主,无须着重记忆,更不要在自己写文章时任意运用。"就这样,我有惊无险地解决了学生的首次提问。

时间过得飞快,转眼到了课间休息,班级的气氛依旧沉闷,学生们似乎共同秉持着"惜字如金"的理念,一言不发,默不作声。可我不想就此妥协,良好的课堂气氛可是能极大程度地调动学生的积极性,看来"破冰行动"势在必行。

于是,我试探性地问学生:"有没有什么想了解的事情?"原本我以为自己的问题会石沉大海,但令人震惊的是,我的话音还没落,屏幕的那头紧接着就传来一个声音:"老师,其实我有个问题。"天哪,竟然有人主动回应我,我欣喜若狂,像是抓住救命稻草般立即答复道:"好的,好的,请讲!"然后,只听那个女生缓缓问道:"老师,您有男朋友吗?"什么?!我顿时心生疑虑。这算什么问题?我的心情犹如过山车般直转而下,甚至不敢相信自己的耳朵。可转念一想,我不能放弃这来之不易的沟通机会,于是故作镇定地回答道:"老师有男朋友,你们呢?"这时,另一个声音通过屏幕传到了我的耳边:"老师,我们没有,但我们很向往爱情,您可以给我们讲讲爱情故事吗?""对啊,对啊,老师给我们讲讲吧!"这场景让我有些难以置信,一聊到他们感兴趣的话题,原本沉闷的班级如同开了锅般瞬间喧闹起来,看来他们并不是性格内向,而是不感兴趣而已。

由此可见,找准学生的兴趣点是师生沟通的有效途径。那么如何将学生的兴趣点与教学内容有效结合,做到既调动学生的积极性,又不脱离教学内容呢?针对学生的请求,我的大脑飞速运转,试图想出一段好的讲解,既能满足他们的好奇心,又可以帮助他们增进知识。不知是命运的眷顾还是因为平时的积累,我竟然想到了一段适宜的讲解!

去年,我恰好写过一段关于爱情的随笔,其中引用了许多典故,如今讲给他们听,既可以介绍中华传统文化知识,又可以补充讲解用典手法,岂不美哉!于是,我答应了他们的请求,并商量好在完成教学内容后讲讲爱情故事。随后,我利用课间休息补充好PPT讲义,通过共享屏幕将与之相关的补充性内容展示给大家(图1)。

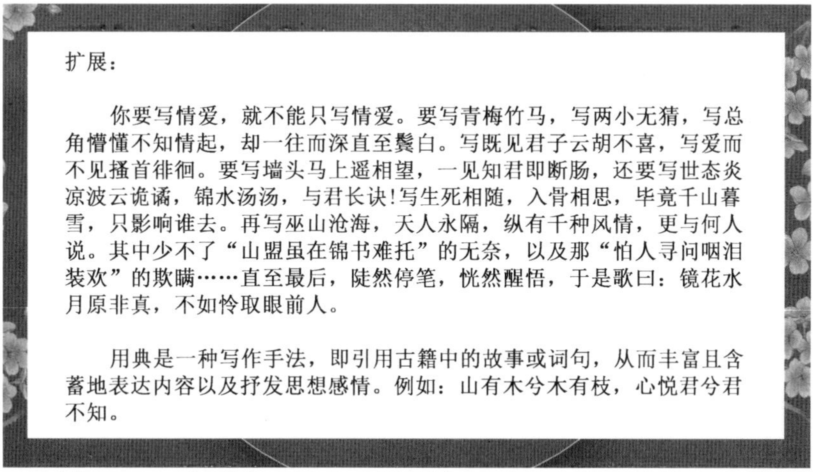

> 扩展:
>
> 你要写情爱,就不能只写情爱。要写青梅竹马,写两小无猜,写总角懵懂不知情起,却一往而深直至鬓白。写既见君子云胡不喜,写爱而不见搔首徘徊。要写墙头马上遥相望,一见知君即断肠,还要写世态炎凉波云诡谲,锦水汤汤,与君长诀!写生死相随,入骨相思,毕竟千山暮雪,只影响谁去。再写巫山沧海,天人永隔,纵有千种风情,更与何人说。其中少不了"山盟虽在锦书难托"的无奈,以及那"怕人寻问咽泪装欢"的欺瞒⋯⋯直至最后,陡然停笔,恍然醒悟,于是歌曰:镜花水月原非真,不如怜取眼前人。
>
> 用典是一种写作手法,即引用古籍中的故事或词句,从而丰富且含蓄地表达内容以及抒发思想感情。例如:山有木兮木有枝,心悦君兮君不知。

图1 PPT补充性内容

我先是和大家简单介绍了"用典"这一手法,接着又询问大家有没有暗恋的对象,并告诉他们与其直白地说"我喜欢你",不如用"山有木兮木有枝,心悦君兮君不知"来含蓄地表达心意。

或许是因为这个话题触动了他们,学生们反应热烈。随后,我为学生们朗读了这段随笔,并逐句讲给他们听。"要写青梅竹马,写两小无猜,写总角懵懂不知情起,却一往而深直至鬓白。"这句话中的"青梅竹马"和"两小无猜"是指男女从小相识,一起玩耍,亲密无间,没有猜疑;而"总角"原指古代儿童将头发梳成两个发髻,如头顶两角,后来用它代指童年时期。有一种爱情,正是二人自小相识,心意相通,彼此的情义不知从何而起,却一往而深直到老去。如果想要描述这样的爱情,就可以使用"青梅竹马""两小无猜"等成语。

"写既见君子云胡不喜,写爱而不见搔首徘徊。"这句话引用了《诗经》中的典故。《诗经》是中国最早的一部诗歌总集,收录了先秦时期的许多诗歌作品,因其内容丰富、语言形象生动,千百年来备受中国文人的推崇。这句话揭示了人们热恋时的状态,前一句是"见到了久别的心上人,心中怎能不欢喜呢",后一句则描述了男女约会时的情景,俏皮的女孩事先躲藏起来,让前来赴约的男孩焦急等待,挠头徘徊。由此可见,适当的语言、动作描写可以让叙事更有趣味。

"要写墙头马上遥相望,一见知君即断肠,还要写世态炎凉波云诡谲,锦水汤汤,与君长诀!"这句话讲的是爱情悲剧。"墙头马上遥相顾,一见知君即断肠"出自白居易的诗歌,指女子在墙头,男子在马上,两人遥相对望,只看彼此一眼便生出了断肠般的相思。可惜原诗中这段感情的结局并不好,白居易想借用这个故事劝诫女子不要将终身轻易许人。如果想描述一见钟情,那么可以直接引用这句诗。再说"锦水汤汤,与君长诀",这是汉代才女卓文君写给丈夫的诀别诗。卓文君性格刚烈,面对丈夫的变心,她愤慨写道:"我对着浩浩汤汤的锦水发誓,愿我们从此诀别永不相见!"如果想要分手,或许可以用到这句诗……

随着我的讲解,课堂的气氛越发活跃,下课后许多学生主动和我打招呼并添加了我的联系方式,甚至有的学生在课下和我打电话探讨相关话题。这让我不禁松了口气,看来这次以改善课堂气氛、调动学生积极性为目的的"破冰行动"圆满完成了。

不过,我在与学生沟通时发现,尽管他们对这种语言与文化相结合的教学模式很感兴趣,但若涉及较深的文化知识,他们不一定能完全听懂。看来,"怎样恰到好处地选取适当的内容来调动学生的积极性,并辅助学生更好地理解课本知识"是一个值得广大国际中文教师长期思考的问题……

教学反思

通过对本次课堂教学的梳理与思考,我发现这堂写作课主要存在以下几个问题:

首先,作为教师,我的心态不稳定。一方面,我对学生的期待过高。天不遂人愿,将近一半学生缺席了首次课程,这令我自身备受打击。另一方面,在课间休息时,我的心情随着学生的提问而跌宕起伏。

其次,我未能充分考虑到学生的接受能力,没能很好地把控教学内容的深度。学生在教学反馈中指出,尽管他们对这种语言与文化相结合的教学模式很感兴趣,但如果涉及较深的文化知识,他们不一定能够完全理解。

当我面对第一个问题,即近一半学生缺席首次课程时,我当即采取了相互介绍的方式快速了解学生,并通过班长转达,让学生及时明确汉语高级写作课的出勤要求,也为后续课程的顺利开展奠定了良好基础,这一点可供线上新手汉语教师参考。

我的亲身经历告诉我,作为一名国际中文教师,拥有足够丰富的知识与灵活应变的能力是非常有必要的。课堂上,面对学生突如其来的"讲讲爱情故事"的要求,我没有慌张,而是冷静处理,利用自己之前的随笔作为材料循循善诱,在课程原计划的知识讲解完成后,既满足了学生的好奇心,同时也让学生感受到了中华文化的魅力,一举多得,既做好了教师的本职工作,又将课堂归还给了学生。针对课程结束后与学生深入交流发现的新问题,即语言教学中文化知识讲解深度的把控,需要广大国际中文教师不断思考、长期摸索,找到一条适合自己与所教授对象的教学之路。"传播中华传统文化,能让世界更好地了解中国,让中华文化更好地走向世界(李东伟,2017)①。"

教学建议

在课前做好充分的准备,综合考虑课堂中可能出现的问题,提前想好应对

---

① 李东伟."一带一路"下的中华文化海外传播[J].人民论坛,2017(24):130-131.

策略,以求万无一失。案例中,史老师针对鲁迅先生的文章,提前准备好与近代白话文相关的补充性内容,便很好地应对了学生的发问。

作为国际中文教师,我们应当培养随机应变的能力,面对突发事件应不慌不忙,沉着冷静。

专家点评

现如今,在线教学模式的广泛应用为汉语国际教育事业的发展拓宽了教学路径。线上教学有灵活多样、资源共享等优势,经过教学实践检验发现也存在一些问题。

第一,线上教学过程中学生不来上课。学生缺勤是教学实践中常见的问题,线上教学中,学生和教师身处异地,面对三十名学生只有十八个人上课的情况,教师积极采取措施选任班长,并让班长转告没来上课的学生将会采取的措施,使用这种及时的策略,出勤率低的情况在后期得到了改善。线上教学出现缺勤现象其不可控性更强,教师一定要了解清楚学生缺勤的具体原因。面对学生对写作课兴趣不高的情况,教师让班长通知缺勤学生"汉语高级写作课不会为难学生",同时,从学校规章制度出发,提醒学生"要遵守校规校纪……会定时考核出勤率。"

第二,线上教学不像线下教学,不能及时了解学生的学习反馈。因此,了解学生的学习动态,提前预判可能发生的教学情况才能打有准备之仗。案例中的教师在备课时,预判到学生对鲁迅文章的理解有一定难度,便提前准备了拓展资料,以相应知识点作为补充,让学生了解了文言文与白话文的区别,并为后期的文言文教学打下了基础,充实的教学内容也让学生理解了读鲁迅先生的文章感到不通顺的原因。

第三,线上教学中不爱发言、性格内向的学生,他们对知识的掌握情况如何、对教师的讲解是否有兴趣,这些都是不确定因素。所以,教师除了在备课时要精心备好每一节课,也要对线上教学过程中可能出现的问题做好心理准备及应对策略。案例中的教师面对学生"惜字如金"的课堂氛围,并没有气馁,而是积极思考准备"破冰行动",向学生提出一个开放性问题:"有没有什么想了解的事情?"面对这样的课堂提问,学生饶有兴致地问起了有关爱情的故事。对于这突如其来的与课堂无关的话题,教师并没有直接否定,反而结合自己之前的随笔为学生做了介绍,既满足了学生的好奇心,也向学生介绍了中华传统文化知识及"用典"的写作手法。可以看出,台上一分钟,台下十年功。正是教师平时不断地学习、积累,时刻保持充电的状态,才能让自己面对突发状况时,有力可使,有话可说。尤其是线上教学,除了储备与教学内容相关的知识以外,教师还应该不断提升自我,储备各种数字资源,提高自身的数字素养,不断更新自己的知识结构。

第四,写作课是汉语教学中教学难度较大、课堂互动效果并不理想的课型之一。尤其是线上写作课,如何调动学生的学习积极性、提高课堂互动效率,是教学过程中面临的挑战。听、说、读、写是汉语学习者应该掌握的基本技能。作为汉语高级写作课,让学生通过文字进行情感、思想等输出,对学生而言是一个不小的挑战。如何让学生对写作不害怕,愿意表达,愿意写作,是教师应该多动脑筋思考的地方。教师所准备的教学内容要与教学对象的学习水平相当,过难或过易都达不到预期的学习效果。案例中的教师在教学过程中,与学生及时沟通了解学生的学习动态,发现自己在语言与文化结合的教学模式中讲解的过难的文化内容学生并没有完全听懂。对此,教师可以选择适当的教学材料,了解学生的文化知识掌握程度,可以先问问学生对哪些中华文化知识感兴趣,这样,从学生的基础出发,便不至于陷入学生听不懂的教学状态。线上教学最大的好处就是可以最优化地共享资源。教师可以分享网络中好的写作材料,或是学生自己创作的写作材料,或是与学生实际生活相关的写作材料,放到云平台上供学生自主选择,自主评价,对学生遇到的问题进行详细讲解。通过对这些教学信息进行自我评价、同伴评价、教师评价等在线互动评价,实现线上写作课的资源数字化、共享化,从而提高学生的积极性、参与性。

第五,教师除了要具备随机应变的能力,还应具备情绪控制能力、心理承受能力、角色适应能力等。在线上教学过程中,会遇到如网络不稳定、学生缺勤、互动效果差、沟通不及时等各种各样的问题,教师应该做到兵来将挡,水来土掩,遇到任何问题都不慌不忙,沉着应对,不断调节自我。教师的服务对象是人,教师的情绪学生能够感知到,因此,教师健康、稳定的情绪尤其重要。在教学时,教师应该做到不将课堂外的负面情绪带到课堂中来,冷静处理课堂中的突发情况,积极乐观、不偏不倚地对待每一名学生。

教学模式的改变不断地引发教师思考新的教学策略,学习新的教学技能,坚持"以学生为中心",积极面对信息化、数字化,进一步完善线上教学实践。

思考与讨论

- 线上教学中,面对学生不来上课的问题,教师应当如何解决?
- 面对课堂气氛沉闷,学生不愿与教师互动的情况,我们应当采取什么措施?
- 面对学生突如其来的与教学内容毫不相关的请求,我们应该如何拒绝?
- 在语言、文化相结合的教学模式中,教师如何把控补充性内容的深度?

手忙脚乱的练习课

导读：得益于互联网的发展，远程线上教学逐渐兴起。与传统课堂不同，线上课堂中学生和教师不能真正出现在彼此面前，交流也只能隔着屏幕进行，这种"虚拟"式的课堂中，一定会出现各种各样以前在传统课堂中没有遇到过的问题。案例中的教师会遇到怎样的困难呢？我们一起来看看吧！

案例背景

课型：汉语综合课。

教学内容：《汉语教程》（第三册上）的第八课"恋爱故事"的课后练习。

教学环境：教师处于目的语环境，教学对象身在巴基斯坦、阿富汗、非洲国家或地区；汉语作为第二语言教学。

教学对象：临床医学专业，大学本科二年级学生，已经有近一年的汉语学习经历；班级中男生较多，女生较少，年龄在18～25岁；来自巴基斯坦、阿富汗、非洲国家或地区；学生性格内向，课上缺乏主动性与积极性；个别学生汉语水平较高，大部分学生仍处于初级阶段。

教学方式：腾讯会议线上平台直播教学。

教学语言：主要使用汉语进行教学，必要时使用英语解释。

教材：本次案例课程所用教材是北京语言大学出版社出版的由杨寄洲主编的《汉语教程》（第三册上）。根据教材说明，这本教材适用于第二学年学习汉语的学生，符合本次教学对象的水平。

案例描述

这节课的主要教学任务是第八课"恋爱故事"的最后一部分内容——课后练习。经过前面几节生词、课文和语法课程的讲解,这节练习课让我觉得整个人都轻松不少,备课、写教案和写讲稿的时间比之前用到的时间少了近一半。从我的角度来看,知识点的讲解有一定难度,为确保学生能真正理解,需要打起精神做足准备工作,而练习课是在已有知识的基础上来完成,不管是对学生还是对教师而言,难度都相对较小。

虽然我所带班级的学生配合度不算太高,能够完全跟我配合的学生只有两名,其他学生都不是很愿意打开麦克风交流,但是我仍然对这节练习课充满了信心。我觉得只要那两名学生能够积极配合我,遇到他们不会的问题时由我来解答,这节课就一定能顺利完成。

尽管课前实习指导教师说过好多次,练习课对于学生们来说太难了,他们的配合度很低,一定要有心理准备。但是我并没太当回事,因为前面几节课我自认为非常顺利,而且那两名学生每节课都上,每次都能配合我,这次也一定可以。然而事实证明,我把一切都想得太简单了……

在等待上课时间到来时,我还短暂思考了一下:会不会学生前面的知识并没有学会,这节课谁也不愿意回答问题呢?会不会那两名比较积极的学生这节课不积极了,或者有特殊情况没来上课呢?……我的想法越来越多,把原本没有的紧张感一下子都激发了出来,甚至我突然预感到,这节课可能不会太顺利。

距离上课还有十分钟,我进入腾讯会议的课堂中,只有三名学生,而且,那两名积极的学生都还没有来。我的紧张感又增加了,不由得开始思考如果他们不来的话,我的课程能否顺利开展。距离上课只有五分钟了,我一直盯着参会人数的界面,内心无比忐忑,开始在心里默默祈祷他们一定要来。如果他们不来,我岂不是要唱"独角戏"了?万幸的是,到上课时间时,那两名同学都进入了会议,但是,我的紧张已经堆积了太多,一时半刻无法化解……就这样,我怀着忐忑的心情开始了这节课。

练习课主要是考查学生对前面所学知识的掌握程度,而距离上节课已经过去了四天,因此为了让学生能够顺利完成练习,我先带领学生复习了一遍上节课所学的知识点,强调了练习中会出现并着重考查的词语。

除了强化对知识点的掌握外,课文的流利阅读与理解也非常重要,所以我还挑选了几名学生朗读课文。在读课文时,我选择班里比较积极的那名女生 M 来读,平常她都会很快地回应我,所以我一直很喜欢她,需要找学生回答问题时,最先想到的也是她。但是今天我等了好一会儿她才回应我,而且听她那边的声音很明显她在户外。当然她还是很顺利地完成了读课文这项任务,我对她在户外也能坚持回应并完成任务感到很欣慰。这时,我又不禁开始思考,她为什么会在户外上汉语课呢?是有什么重要的事情需要做吗?她在户外还方便回答我提出的其他问题吗?下面我还能再叫她回答问题吗?……不过,课上的时间不允许我过分纠结,我想,就算她不方便互动,班上还有另一名男生 N 也很积极,我可以找他配合我。

练习的第一部分是语音练习,有六组词语,需要学生开口朗读,我叫了那名男生 N,但是他一直没有回应我,我以为他网络信号不好就没再等他,毕竟这节课时间紧、任务重,所以前三组词语是由我自己朗读的。但是练习课的主要目的是锻炼学生的自主能力,以此来巩固其所学知识并提升汉语水平。课堂上的开口机会对学生而言非常重要,所以我试探性地问了一句:"有没有其他同学想来试着读一读这些词语?"没想到还是 M 回应了我,她的背景音也没有了之前的杂乱,看来我和她都可以专心上课了。

这时,我瞥了一眼参会人员列表,发现 N 居然已经不在课堂中了!那么这节课可以配合我的同学就只有 M 了。我没有其他办法,只能希望 M 不要再出现其他问题。

不管怎样,课还是要继续。练习的第二部分是词语练习——选词填空。在让学生做练习之前,我先将出现的词语逐一进行了解释,当然这些词语都是已经学过的,难度也不高,我相信他们可以完成好。但是现实情况让我不得不承认,本节课学生的配合度太低了,我甚至无法确定他们到底有没有认真听之前的几节课、他们是否真正理解了这些词语。

在我叫学生试着来说答案时,同样没有人理我。因为时间关系,前面几道题的答案最后都是由我说了出来。当做到"我会____把事情做好,你就放心吧"这道题时,我叫 M 来回答,因为在讲解"尽量"这一词语时,我讲得很细致,还举过类似的例句,我相信学生是可以答对的。果然,M 给出的答案是正确的,这无形之中给我增添了一点儿信心,让我感觉到我的努力没有白费,我的教学是有效果的。可是这一点儿信心在下一题时马上便消失得无影无踪了……

M 很聪明,前几次上课时我让她说例句,她都能很快回答上来,我很相信她,甚至在心中把她是否听懂作为检验我教学效果的标准,所以,当下一题出现重点讲解过的词语时,我还是很放心地把这道题交给了她。"第一次恋爱就失败了,她心里真不是_____",答案是"滋味"。"滋味"这个词我强调过很多次,而且"真不是滋味"这个句式在课文中也有出现,我还举过类似的例句,我相信她一定能回答出来,但是 M 的答案是"我不会"。

这不禁又让我陷入了自我怀疑,是我讲的方式不对吗?是我重复的次数不够多吗?是我讲解词语用到的语言对他们来说太难了吗?我本以为这部分词语练习的题目对他们来说还是相对简单的,可是现实却并非如此。

在我认为他们能答对的题目都没有顺利完成的情况下,我对后面练习题的正确率可谓是不抱期待了。我终于真正意识到,练习对他们来说确实很难。我现在就只希望有学生能够配合我完成这节课就好,答案对错我已不在乎了,错了就再讲一遍,至于是否是我的教学方式出现了问题课后再思考。

后面的问题是完成句子和排序,我知道这两道题对于学生来说难度很大,为了追赶进度,在本节课内完成全部练习题,我没有再多叫学生,大部分答案都由我在解释后便直接给出了。

下一题是情景表达,这道题中的句子都是课文中出现过的,我想学生应该有印象,而且这些句子不管是读音还是汉字都不难,可以说是比较基础的,所以我还是叫了 M 来回答,可是等了好久她也没有回应我,于是,我又继续开始了自言自语……在说到一半时,我看到 M 在留言区说她的手机出现了问题,无法打开声音,至此,这堂练习课终究是完全变成了我的独角戏。

没有学生的配合,也为了赶时间,后面的内容我讲得很快,没有控制语速,完全沉浸在了自己的世界中。在我意识到学生可能听不懂时,练习课已经快要结束了。本以为这节课练习题多,叫学生回答问题时间可能会不够用,谁知在很少有学生响应的情况下,最后反而富余了五分钟,这是我在课前没有预见到的情况,我只能再次强调了几个学生容易出错及我认为比较重要的知识点。最终这节课在我的自我怀疑中有惊无险地完成了,这可真是一节手忙脚乱的练习课。

教学反思

通过课后对本次课堂教学案例的思考,我总结出自身在这堂线上练习课中存在的以下四个问题。

第一,在备课时,没有全方位考虑课堂中可能遇到的问题,没有预见会出现没有学生配合的情况,也没有思考如果时间不够用或者时间富余应该如何处理,这导致我在整堂课中一直都很慌乱。

第二,没有认真听取实习指导教师的意见,把课堂状况想得过于简单。实习指导教师多次强调,由于时差,北京时间上午10点45分对于学生所处地区而言是早上,学生大多还处于半梦半醒的状态,就连比较积极的学生在这一时段的课程中也会有点儿懈怠;并且,练习对于学生来说很难,他们不愿意开口表达,课堂便会较为沉闷,而这些并没有引起我的重视,也为各种课堂状况的发生埋下了伏笔。

第三,太过依赖于班级中两名积极的学生。在最初设想课堂的情景时,我选择完全忽略掉班级内的其他学生,而完全依赖那两名很配合的学生。中途出现一名学生离开课堂和另一名学生设备出现故障的情况,使得我几乎完全乱了阵脚,将课堂完全变成了一个人的舞台,实际上这是职业素养不高的体现,我还需经过长时间的专业历练。

第四,随机应变的能力不足,时间把控水平有待提高。我为了在上课时间内完成准备的所有内容,在课程后半段语速变得很快。在没有学生配合的情况下,忘记了所用教学语言的难易程度,没有考虑学生的实际情况,只是一味追求课程内容的机械性完成。

总之,从上述问题可以看出,作为新手教师,我的教学意识不足,不能完全准确把握教学重点与难点。针对上述问题,我进行了反思并提出以下建议:

语音部分对于学生来讲是很重要的一部分,在讲解语音时,教师应当多把朗读机会提供给学生,并且在学生读完以后,教师应对所读内容及时归纳、总结,对发音有问题的地方要再次强调与纠正。

关于"滋味"一词,我自认为已经讲得很清楚了,可能是更多站在了汉语母语者的立场来考虑,而没有真正站在二语学习者的角度,没有明确告诉学生该词在怎样的语境中使用,因此在所有学生都未能正确回答出有关问题时,我产生了深切的挫败感,甚至对自己产生了怀疑。

因此,作为新手教师,课前备课需考虑全面,正确选择相应的教学方法,合理地把控课堂时间,逐渐培养自己的教学意识,在每节课课后及时反思自己的问题,一点一点地积累经验,多站在学习者的角度考虑问题,才能早日成为一名合格的教师。

教学建议

课前准备充分,全面考虑课堂中会出现的问题,提前想好应对策略。
合理把控课堂时间,争取不出现前松后紧或前紧后松的情况。
不要试图依赖某些学生,要注意对学生整体的关注度。
遇到突发情况要稳住心态,尽可能避免对正常教学进程的影响。

专家点评

2020年以来,线上教学成为汉语国际教育专业硕士(简称"汉硕")学生实习的新形式、新机遇。本案例中的教师是参加实习实践的汉硕学生,一线教学经验比较少,刚刚接触国际中文线上教学。从本案例中我们可以发现以下几个问题。

第一,线上教学与初级汉语水平的练习课之间不和谐。对于线上教学,有相关研究表明,汉语水平越高的学生,对线上教学的适应性越强。案例中的教学对象为学习汉语近一年的学生,由于其专业为临床医学,汉语学习并不是重点,所以汉语水平还处在初级阶段。只有个别学生汉语水平较好,跟教师的互动比较流畅,在这种条件下进行练习课教学是很不容易的。

汉语作为第二语言教学的练习环节,包括机械性练习、理解性练习、活用性练习与交际性练习四个层次,这四种练习并无优劣之分,各有各的用处,关键在于把握各种练习在各学习阶段的比例和顺序,互相渗透,结合运用。初级水平的汉语教学,更多采用的是机械性练习与理解性练习,前者用来训练语音、词汇、句型的基本功,主要活动是单一的、模仿性的多次重复,使学生形成对刺激的快速、准确反应,后者是在基本功操练的基础上进一步认识语音、词汇、语法、句型的基本规律或规则,从整体上系统地掌握语言,习得语言知识,形成语言技能,常见形式是进行快速的句型转换练习,二者更适合线下的面对面教学,教师通过多种课堂活动,将机械性的操练、理解性的练习融入课堂练习中,在教会学生知识、取得好的练习效果的同时,保持学生的学习兴趣与激情,活跃课堂气氛。在硬件条件受限、学生汉语水平处于初级阶段、课堂活跃度不高的情况下进行练习课教学,难度更是不小。正式授课前,实习指导教师提前告知了练习课难度会很高,教师要做好心理准备,而案例中的教师却低估了这节练习课的难度,并没有做好准备。

第二,课堂中教师提问的对象不宜过于集中。教师与学生之间的互动应该以学生为中心,以教师为主导,学生在教师的指导下充分发挥主动性和积极性。语言学习需要进行大量的练习,而练习作为一种交际性活动,不可能只集中于一两个人。案例中教师承认主要依赖两名汉语水平较高的学生来回答,课堂活动才能够一步一步地进行下去。那我们想一想,假设这堂课是面对面的线下授课,只依赖于一两名学生回答,而其他同学听不懂、反应不过来、完全没有互动,这样的一堂课尚且不能称为一堂成功的练习课,更何况是严重受到客观条件限制的线上课程呢?

线上直播教学,对于国际汉语教师而言既是机遇,也是极大的挑战。它受到很多客观条件的限制,除了受直播授课平台的影响之外,还受到师生所在地网络顺畅程度、硬件设备等的影响。案例中巴基斯坦等国学生身处自己的国家,接受身处中国的教师授课,又有数小时的时差,硬件设备又有所差异,并不是每名学生都能打开视频、音频与授课教师进行沟通。所以,当案例中的教师进行对师生互动交流有很高要求的课堂活动时,所依赖的两名学生由于各种原因无法全程在线回答问题,教师在整个教学过程中感到捉襟见肘就不奇怪了。

第三,课堂的时间节奏把控及教师语速等问题。案例中教师为了赶进度,在课程前半段教学效果不理想的情况下,应变能力不足使得课程的后半段节奏过快,不考虑难易与学生的接受度,语速越来越快,课堂互动不足,课堂俨然变成了教师为主的"一言堂",那教学效果就可想而知了。对于部分汉语水平不高的学生来说,后半堂课教师的讲解基本是无意义的输入,讲课效果也几乎全无,而这也是新教师在把握教学节奏方面及教学重、难点时间分配方面出现的共性问题。随着新教师教学经验的增长,这种情况会逐渐改善。

针对上述总结出的需要特别注意的问题,我们提出以下对策。

第一,经验不丰富的教师在实际授课前一定要提前做好功课,考虑周全,多听听老教师的建议。

新教师在备课时不要怕琐碎,要备到最细之处,可能遇到的问题都要考虑到。首先是备学生。学生的国籍、文化背景、年龄、受教育程度、第一语言、学习汉语的目的与动机、汉语听力水平和口语水平、性格特点等,都需要提前了解。其次,也要向有丰富教学经验的老教师请教,认真汲取经验,为自己的下一堂课做好全面的准备。不要像案例中的教师自述的那样,因为前几节课上得比较顺利,所以对此次练习课掉以轻心,犯了"轻敌"的错误,最终面对预料之外的情况无法应对。

第二,新教师要提高应变能力。

面对预料之外的情况出现,要稳住心态,运用自己所学的专业知识,围绕教学目的抓住教学重难点,掌握好教学步骤与教学活动设计,以完成本节课的教学目标。

第三,要始终坚持以学生为中心,以教师为主导,以引导学生获得汉语交际能力为最终目标。

我们反对片面地以教师为中心,一味地灌输知识。特别是针对二语习得,师生互动、以学生为中心的"有效输入"与"有意义的输出"更具有特殊的意义。教师在教学过程中,要注意教学语言的用词、语速,要注意选词的复现,始终保持对于学生有意义的、有效的、规范的汉语语言信息的输入。要遵循交际性原则,增加课堂上师生的互动,让学生多表达,多掌握,多完成交际任务,从而提高汉语语言能力。

第四,教师要提高线上教学能力。

有别于过去的线上录播"函授"形式,现今的国际中文线上教学更具有实时性。教师需要尽快适应这种新的教学模式,操作线上教学平台,掌握线上教学技能。由于个人的学习能力不同,可能有的教师并没有真正熟练地掌握相应功能,只能进行简单的操作,为适应线上教学的常态化,必须实现快速成长。与线下传统课堂相比,线上课堂在教学环境、教学组织、学生学习方式、课堂互动等方面都有着很大的不同。因此如何在网上进行教学、如何在网上与学生互动、怎样在网上检测学生的学习效果等,都成为国际中文教师当下需要学习的重要技能。

第五,教学应该更有针对性,针对全班同学的实际情况进行教学。

一个教学班中有汉语水平较高、乐于与教师互动的学生,也有水平一般或者基础较差、不善于互动的学生,如何在课堂提问中设计难易适中的问题,让水平不同的学生都能有机会回答,如何提高学生学习与互动的积极性,是需要教师在授课前仔细考虑、研究与设计的重要议题。

第六,采取合适的教学策略加强线上教学的互动。

本案例中我们看到线上教学存在学生互动的积极性不高、互动的频率低、互动的对象过少、互动的方式单一等情况。如何设计课堂活动,使得课堂互动达到一个良好的效果,同样也是汉语教师在实际教学中需要解决的问题。教师要具备将课堂变得"有意思"的能力。对外汉语教师在教学时应该创造良好的语言环境,充分调动学生的积极性,营造轻松愉快的课堂氛围(李东伟,2011)。另外,在线上教学过程中,教师要学会转变自己的角色,充当课堂的管理者、组织者,更应该成为学生的督促者、倾听者、联络者等,采取多样的互动方式让学生参与课堂活动。比如,课前布置预习作业,让学生通过视频的形式提交。课中通过多样的互动形式检验学生的听课效果,借助网络教学平台的功能设置,例如弹幕、讨论、分组、屏幕共享、视频连线、语音回答等功能,采用不同形式让学生不断练习,提升汉语水平。课后及时主动联系学生,督促学生及时观看视频和提交作业。通过聊天软件进行沟通交流,时刻了解学生的学习状态,解决学生遇到的问题甚至难题。

总之,专业理论学习与教学实践之间是相辅相成的关系,作为一名新手教师,如何在实践中切实提高教学能力,同时适应国际中文教育线上教学的新形势,确实需要多动脑筋,下一番苦功夫。

思考与讨论

- 教师在教学中遇到时间紧、任务重的情况应如何合理安排教学内容?
- 线上课堂中面对没有学生配合的情况,教师该采取什么措施?
- 怎样找到更适合自己和本班学生的教学方法?

慌乱的采访

导读：国际中文教学工作由线下转到线上，教学环境的改变给国际中文教育事业带来诸多挑战。对于习惯于线下课堂教学模式的教师们来说，进行线上教学可谓困难重重。其中，如何消除线上教学的疏离感，营造集体学习的氛围，提升网络课堂的"温度"，是很重要的议题。为此，李老师特意组织了一场主题采访活动。采访进行得怎么样呢？发生了哪些事情？让我们一起来看看吧。

案例背景

课型：高级汉语口语课。

教学内容：《高级汉语口语》（下册）的第四课"刻不容缓"的课后练习。

教学环境：教师处于目的语环境，教学对象处于越南；汉语作为第二语言教学。

教学对象：越南河内第二师范大学中文专业，大学本科三年级学生，有近两年的汉语学习经历；班级中女生较多，男生较少，年龄在20~23岁；学生性格内向，课上缺乏主动性与积极性；个别学生汉语水平较高，上课积极参与，比较活跃；多数学生课上较为沉闷，课堂活动参与度较低，处于被动学习的状态。

教学方式：腾讯会议线上平台直播教学。

教学语言：主要使用汉语进行教学，必要时使用英语解释。

教材：本次案例课程所用教材是北京大学出版社出版的由祖人植、任雪梅编著的《高级汉语口语》（下册）。根据教材说明，这本教材适用于高级阶段的汉语学习者，符合本次教学对象的水平。

案例描述

这节课的主要教学任务是第四课"刻不容缓"的最后一部分内容——课后练习。在前几次上课过程中,如果进行生词与课文朗读练习,还有几名学生愿意主动打开麦克风朗读,但一到句子练习和讨论时,课堂就变得十分沉闷。虽然是口语课,但是经常是我一个人唱"独角戏",学生们不会也不愿表达自己的观点和看法,让我十分着急。

第四课的两篇课文是以采访稿的形式出现的,学生们对此有一定的了解。采访中不同角色的演绎能提高学生们的学习兴趣,访谈的形式也能锻炼学生们的口语表达。平时,我会就当堂课所学内容进行延伸探讨,而本次课的课文形式是采访,学生们可以提前准备有关资料,所以我想这次的口语课堂应该会更加热闹。

在第四课的课文内容讲解完成后,我告诉学生们练习环节将采用采访的形式。环境保护与我们的生活息息相关,结合第四课的主题"生态危机"与学生们的切身体验,我告诉大家,接下来要把课文"地球变暖:福兮?祸兮?"的内容用采访的形式表现出来,最终探讨总结出更多有关全球气候变暖带来的影响及解决对策。

在课前,我给学生们布置了调查的作业,让大家搜集关于全球气候变暖的相关资料;课文中也有涉及全球气候变暖的原因、影响及应对措施的内容,学生们很容易在课文中找到素材与灵感;在练习活动即将开始前,我在PPT上列出了有关采访的常用表达,以供学生们参考。因此,这次采访就是让学生们把各种渠道得来的信息联系在一起,通过角色扮演自由表达与运用,进而促进语言知识向语言技能、交际能力的转化。

随后,我拟定了主持人、环境保护方面的专家、博士、编辑、市民五个角色,想到这次角色扮演与采访肯定会十分顺利,我不禁雀跃起来。

这节课学生的配合度不是很高,但是平时上课也只有两三名学生会全程配合,所以我仍然充满信心,觉得只要这几名同学配合我,加上我的提示,这次采访一定会顺利完成。然而,在课程开始之初,我便遇到了难题。我拟定了五个角色,但除了平时配合我的三名学生外,就再也没有其他同学想来试一试了。我一直强调:"没关系的,同学们,我们就是简单来谈一谈对全球气候变暖的看法,勇敢试一试!"但是依旧没有人回应,我想那就给大家两分钟的思考时间,没准儿一会儿就有学生愿意尝试了呢……可是三分钟过去了,课堂上依旧一片寂静。班长向我建议:"老师,那您指定两名同学来扮演吧。"我想也许是学生们不好意思主动争取,就试着喊了两名学生的名字,并询问他们是否愿意,但是,这两名学生仅仅在开麦后告诉我"在",就再没有说话了。课堂好像陷入了无限沉默的死循环……

我一直盯着进入课堂的学生名单,内心无比忐忑,在心里快速搜索着还有哪些学生可以配合。终于,有两名学生主动发言说自己可以尝试。这一刻,我悬着的心慢慢放下,但仍十分紧张……就这样,伴随着忐忑与不安,采访活动开始了。

由于是线上教学,每名学生在发言前需要先打开自己的麦克风,因此采访过程并不流畅。主持人在提问完之后,学生不能当即打开麦克风表达观点,我只好加以提醒。这样一来,整个采访过程就有所割裂,不够流畅,无法使学生沉浸在采访的氛围里。有两名学生在表达时,由于网络的原因,声音不清晰,且在整个练习活动中,除五名角色扮演的学生外,其他学生并没有参与进来,因此,这堂课还是没有从根本上改变以往沉默的状况。

由于时间的关系,我几乎没有时间一一总结活动过程中的问题,只是草草挑选了几个简单的问题便匆匆下课了。真是一场慌乱的采访,真是一堂慌乱的教学课。

教学反思

作为一名新手教师,课后我对本次课程积极进行了教学反思,对其中存在的问题进行归纳、总结,并提出有针对性的改善措施。

第一,在备课时,没有充分、全面考虑到课堂中可能会遇到的问题,没有预料到会出现没有学生配合的情况。实际上,无论是辩论还是采访,这两种形式的活动对于学生的表达能力要求均较高,我应该在了解学生的实际情况之后再开展,不能操之过急。

第二,在采访活动开始之前,要给学生留有充足的准备时间。采访不同于学生使用母语进行对话,汉语表达对于学生来说始终是一大挑战。在进行访谈活动时,要注意:制定明确的提纲,确保学生获得有效信息;对访谈做出明确的要求,防止学生"偷懒",避免使用所学内容进行交际;在访谈中穿插主持人随机提问观众的环节,让其他学生扮演观众,提高其他学生的课堂参与度,防止学生不认真听讲。

第三,随机应变能力不足。在开展采访活动时,我遇到了没有学生参与的情况,内心感到忐忑不安,学生的积极性不高,课堂教学无法继续。面对预料之外的情况出现,教师更应当稳住心态,把握好教学步骤,完成本节课的教学目标。为了让学生更大限度地参与,在上课之前,教师可以利用聊天区与学生交流,询问大家对采访活动有无兴趣,并采取投票的方式确定大家的兴趣点。访谈需要较长的活动时间,因此教师在实施过程中要把控好教学时间,避免因时间不足草草收尾,或出现不能一次性完成的情况。

第四,在教学过程中,教师要采取多种教学手段。例如,模拟交际环境,鼓励学生在讨论区以"留言"或"举手发言"的形式参与讨论,营造良好的学习氛围,引导学生多说多练,减少学生注意力不集中的现象,使教学在轻松愉快的聊天中进行。同时,要对学生的发言情况进行记录,保持学生的学习热情和积极性,有效加强课堂监督和管理。同时,教师在教学过程中应观察学生的认知程度、汉语基础和学习能力,对学生进行全方位的评价,方便在了解学生的学习状况后合理、高效地统筹教学安排。

作为刚接触汉语教学的新手教师,要以积极向上的心态对待教学中遇到的问题,阅读相关案例、文献,寻求有经验的教师帮助解决课堂问题。对待学生要有爱心和耐心,指导学生积极探索出一套适合自己的线上学习方法,并给予支持与鼓励。线上汉语教学过程中学生掉线、网络延迟、忘记打开麦克风等都是常见的现象,教师应包容学生,多站在学生的角度考虑问题、解决问题。线上教学模式与线下传统课堂有着很大的不同,教师自身要提升相关技能,自主学习如何在网上开展教学、如何在网上与学生互动等,以便更好地开展课堂教学。

教学建议

备课要充分,全面考虑课堂中可能出现的问题,提前准备好应对策略。

合理把控课堂时间。

遇到突发情况要稳住心态,掌握课堂教学的环节和方法。

专家点评

案例中教师为提高学生的汉语综合运用能力,根据教学内容设定了采访的情境,组织和引导学生练习本篇课文中所学的语言要素。这种课堂活动方式是有助于实现教学目标,提升学生的汉语能力的,但结果却并不令人满意。那么如何有效开展和实施线上课堂教学呢?

一、优化线上教学环境

"工欲善其事,必先利其器。"优化线上教学环境不仅能保证线上课堂活动的开展与实施,更能提升线上课堂活动的有效性。

案例中有的学生在表达时由于网络的原因声音不清晰,这种现象在线上教学过程中比较普遍。这就要求教师和学生尽量在良好的网络环境中上课,优化自己上网课的设备,准备好备用的麦克风、耳机等,避免因设备不良或网络卡顿、延迟影响互动。如果在线上活动实施过程中网络实在卡顿,无法进行口语交流,可暂时让出现网络问题的学生变换交流方式,将口语交流变成书面交流,将交流内容以文字的形式发到教学平台的聊天框,或者借助其他辅助 APP,如微信等,以保证互动交流的继续进行。

二、建立激励机制

"教学的艺术不在于传授本领,而在于激励、唤醒和鼓舞。"将激励机制融于线上课堂活动中,不仅可以打破沉闷的线上课堂气氛,提高学生学习的主动性,而且可以使学生的非智力因素与智力因素在师生的共同活动中发挥作用,从而改善课堂教学效果。

(一)制定奖惩办法

将线上课堂活动的参与度与参与质量纳入学生过程性评价考核中,具体为:根据学生线上课堂讨论、小组活动等的参与情况对学生进行评价,各项线上课堂活动全部参与计分,学生按照参与次数和质量获得相应分数。教师在开学第一堂课就应将奖惩办法告知学生,并在教学过程中严格执行。

(二）适时表扬、鼓励

在线上进行课堂活动时，因缺少面对面的交流，师生之间容易产生距离感。因此，教师在实施课堂活动时，要细心观察屏幕中学生的言行，抓住时机，对学生的进步进行肯定，尤其是对于那些之前进行线上课堂活动时不积极参加的学生，更要根据进步的程度，大力表扬与鼓励。对学生的表扬可以是言语激励，也可以是体态激励，或者二者同时使用，让学生在精神上得到满足，激发他们继续交流的动力与欲望。

这种激励机制无疑会给线上课堂活动注入活力、动力、热情，从而大大提高学生的创新能力和开口率。

三、加大调研力度

首先，要加大面向学生的对线上课堂活动主题、形式的调研力度。学期初通过问卷星或者学习通等线上平台发放问卷调查表，让学生在教师设计的贴近学生生活且与教学内容相关的主题中选出感兴趣的话题及喜欢的课堂活动形式。教师根据问卷结果，调整自己的课堂活动计划，这有利于激发学生的兴趣，也有利于吸引更多的学生积极参与到课堂活动中来。

其次，要加大面向学生的对线上课堂活动参与度不高的调研力度。通过个别谈话、问卷调查等形式，了解学生不喜欢参加线上课堂活动的原因，教师根据这些痛点，改进自身教学手段。

四、注重活动实施过程

（一）课前

如果是辩论、采访这种比较复杂的课堂活动，教师和学生都需要做好课前准备。

1. 提前告知

提前在网络教学平台上发布课堂活动的要求、任务，或者在上一节课作为作业提前告知学生。

2. 任务明确

在告知活动时，要明确学生课下需要准备何种形式的何种材料，明确准备的内容形式上是纸质的、图片的、视频的还是音频的,是教师提供不同的角色供学生选择还是教师指定角色。学生目的性明确,有的放矢,才不会使准备材料这一过程流于形式。

3. 及时反馈

让学生将自己所查找到的资料在教师规定的时间内上传到网络教学平台上,教师要在上课之前看完并及时反馈。这既可以督促学生按时完成准备工作,又能进一步保证线上课堂活动有效开展的质量。

(二) 课中

1. 热身

首先,教师为学生搭好脚手架。通过图片、视频、动画等直观、形象的方式,复习该节课的语言点和词汇,引出课堂活动所要使用的一些常用表达方式与词语。这既能调动学生的积极性,又能保障在线课堂活动的质量,也能打消一些学生的畏难情绪。这些内容都要在 PPT 上显示出来,并且要求学生尽量使用所给词语进行讨论与汇报,或者要求学生至少使用三种以上的表达方式与词语,前者是为了给学生搭好脚手架,便于学生讨论与开展活动,后者是为了促进学生汉语表达能力的提高,尤其是中高级阶段的学生,如果教师不提前拟定好表达方式与词语,规定学生必须使用这些高级词语与表达方式,那么学生只会使用简单的汉语进行讨论与交流,其汉语水平就很难有明显的提高。

其次,教师示范。如果是简单的课堂活动,教师可以跟本班汉语水平较高的学生做现场示范。如果是复杂的课堂活动,那么教师最好提前录制一段小视频,在线供学生观看,让学生了解需要展示何种活动成果,做到心中有数。

2. 讨论

进行线上课堂活动时,最好能留给学生思考的时间,小组合作是比较好的活动方式。这种讨论方式可以让学生在轻松的氛围中通过合作共同完成一个任务,活动任务真实、趣味性强,能降低学生的焦虑感,并且学生能自由、平等地交流信息,提高开口率,激发创新意识,从而提高创新能力。例如,ClassIn、Zoom、腾讯会议、云课堂等都有分组讨论的功能。在分组讨论时要注意:

(1) 确定小组成员的标准。是按照汉语水平高低分还是随机分,如果按照汉语水平高低分,是水平差不多的在一起还是交叉分,这应该根据具体的课堂活动形式而定,不能一学期只采用一种划分方式。像案例中的采访这种课堂活动,可以将汉语水平差不多的学生分成一组,这样学生在讨论时更能互相交流,从而达成活动目标。

（2）教师指令明晰，以免出现学生由于不理解而不能很快参与到活动中来的现象。

（3）小组各成员分工明确。每个成员承担不同的任务，比如组长、记录员、计时员、汇报者等分工合作，让所有的成员都动起来，共同完成任务。

（4）规定好时间。讨论的时间一定要提前告诉学生，让学生在规定时间内进行讨论。

（5）加大教师的监管力度。首先可以请其他汉硕学生当助教，帮助任课教师进行监管，为学生提供帮助。其次教师要及时与各小组沟通，尤其是活动的前一两分钟，要帮助学生把握好讨论的方向。最后教师与助教在学生讨论的过程中，可以就学生的一些偏误进行指导，帮助其改正。

3. 成果汇报与提问

在学生汇报时，教师要对未做汇报的成员提出要求，要求他们认真听并做好记录，教师根据汇报的内容进行提问。别的小组可以抢答，抢答正确可以加分。这样既可以锻炼学生的听说能力，又能让所有学生参与到成果汇报中。

4. 评价

通过学习通、问卷星等 APP 开展师生之间、组内成员之间、组与组之间的互评，以及个人自评。课堂评价活动不但有利于促进学生之间相互学习、相互交流，而且有利于提高其语言交际能力。

（三）课后

课后可以将优秀的课堂活动成果推送到班级微信群或者微信公众号、抖音上，让学生产生自豪感与荣誉感，这样既能促进学生进一步积极参与到线上课堂活动，又能起到复习、巩固的作用。

思考与讨论

- 教师在教学过程中出现时间不够的情况时应如何合理安排教学进程？
- 线上教学如何加强师生互动？

一手抓娃娃,一手抓爹妈

导读:线上中文课堂中除了教师与学生,有时还会有助教、学生家长这些角色的加入。其中,家长会对课堂产生什么影响呢?教师希望在自己的课堂上加入家长这一角色,或者开设相关的课程。是什么让她有了这种想法?这种想法可行吗?有一定的意义吗?

案例背景

教学环境:教师处于目的语环境,教学对象身在香港;汉语作为第二语言教学。
教学对象:小学生,9岁,女,来自马来西亚,性格外向。
教学方式:LCC 和瞩目线上平台一对一直播教学。
教学语言:普通话。
教学时间:2021年10月,每周二16:00~17:00。
教材:本次案例课程所用教材是北京语言大学出版社出版的由马亚敏、李欣颖编著的《轻松学中文》的课本2、3和练习册。此套教材注重语言、话题和文化的自然结合,十分注重听、说、读、写四项交际技能的培养,适用于低龄的汉语初学者。

案例描述

一、"一谈"家长——线上中文教师的教学身份认同有压力

由于低龄中文学习者注意力易分散,中文水平较低,家长往往会有意无意

地参与到线上课堂教学中,打破了传统教学中只有学生、教师两大主体的教学模式。此时,家长已不仅仅是课堂教学的无关因素,而是作为"教育伙伴"完全参与到教学活动中,成为教学主体的一部分。

我的同事李老师就遇到了这种情况,家长这一角色的加入着实给她带来了额外的教学压力,根据她的描述问题大致如下:

其一,教师地位失衡。学生下意识的求助对象和分享对象都是家长。当家长和教师同时发出不同的指令,学生会优先执行家长的指令。当学生被家长批评,情绪会非常低落,学习效率也会降低,但如果被教师批评,情绪反应则并不强烈,在得到夸奖时也是如此。

其二,打消了学生自主思考的积极性。家长在提示学生答案时,通常会采取直接回答或翻译的形式,此时学生只会机械地重复家长的答案,失去了独立思考问题的机会。

其三,降低了课堂效率。有些家长在口语表达时会使用一定的方言,课堂上会无意识地影响学生的正确发音,此时教师需花费更多时间纠正学生的发音。

其四,打断了课堂节奏。有的家长在课程上时刻陪伴学生左右,学生已经默认家长为固定的课堂成员与学习伙伴,因此当家长偶尔因接打电话等事情短暂离开时,学生会拒绝继续上课,直到家长返回课堂才示意可以继续。

根据维果茨基的社会文化理论,最有效的教学出现在如母婴般交流的社会化背景中。同伴的熟悉度对互动中学习者的投入有显著影响,能够提高学习效率。在线上中文教学中,家长参与课堂比完全不参与更有利于学生提高学习专注度。也就是说,在教师的合理引导下,作为学生心理上更加亲密的角色,家长完全有可能发挥出利于教学的良好作用。在具体的教学过程中,教师要学会引导家长适时参与、有效参与,发挥社会因素对学生投入学习的积极作用,提升课堂教学效率。

我的同事不希望在线上教学中有家长的出现,而我的观点恰恰与之相反。

二、"二谈"家长——功课辅导

我的学生和她的哥哥已在我所实习的学校就读四年,她的爸爸、妈妈却只会说"你好"。有些学校为身在各国的学生专门配备了当地上门辅导功课的教师,但并不是所有学校都会如此。这让我想到,对于不会说中文的家长而言,在辅导子女学习汉语时一定会力不从心,因而他们可能会产生衍生性的中文学习需求。

根据家长的母语是汉语还是非汉语,以及学生学校所在地是在国内(有汉语环境)还是在国外(无汉语环境),我将家长区分为四大类型,不同类型的家长在辅导子女学习汉语时的难度各异。

类型一,家长的母语是汉语,学校所在地也有汉语环境。这种情况下,家长辅导子女的汉语学习如鱼得水,应该相对容易,但通常不会选择线上学习。

类型二,家长的母语是汉语,但一家生活在海外,子女学习汉语没有汉语环境。这种情况下选择线上学习的居多。

类型三,家长的母语是外语,但一家生活在中国,子女学习汉语享有汉语环境。虽然家长汉语能力有限,但沉浸式的学习环境对家长和子女都有很大的加分作用,家长辅导子女学习汉语时,一加一减,难度大致等同于第二种类型,这种情况下可能会选择线上学习。

类型四,生活在国外的外国家庭,母语是外语的家长认同汉语的重要性,刻意让子女进行线上汉语学习。在这种情况下,不但家长没有汉语能力帮助子女,更没有汉语环境的耳濡目染,这正是孟子所说的:"一齐人傅之,众楚人咻之,虽日挞而求其齐也,不可得矣。"家长在辅导子女学习汉语时有心无力,难度很大,也因而产生了自身衍生性的汉语学习需求。

三、"三谈"家长——中国特色玩具

每次学生上完课都会和我聊天,更准确地说,是向我展示并介绍她的玩具。之前的华裔儿童也是,会向我展示她的卧室、床上的玩偶,甚至是新买的钥匙链,而这名马来西亚学生的卧室更是精彩,放满了各种带有中国各民族鲜明特色的物品,基本上都是成套、成系列地摆在她的床头。她依次拿起玩具,向我进行细致的展示,闪亮的大眼睛里充满了渴望和与我分享的喜悦。

有一次,我告诉她上面的花纹是麒麟,她说是的,换到下一个物品,我竟然不知道是什么,她马上让我等一下,然后不知道她做了什么,下一秒就告诉我这是貔貅,同时也隐约听到一位成年女性的声音。这些玩具有的是她的家长买的,还有的是她和爸爸、妈妈一起做的。这让我想到,如果学生的家长会中文,岂不是更好?

四、"四谈"家长——线上分级绘本网络视频

该生上课周期长,但仍在学习初级汉语课本。为了"拔苗助长",我计划在布置功课时,多留一项中文绘本的阅读,让学生每周读两到三本绘本。考虑到学生的兴趣,我利用网络资源每周为她录制两到三个中文分级绘本动画片。初

期我选择较为简单的绘本,后期则逐渐加大难度,选用与她汉语水平一致、与课文相关或可进行拓展的绘本动画片。

在新的一周上课前,我询问了学生关于看动画片的感受,她告诉我她很喜欢,她的爸爸、妈妈、哥哥会和她一起看,他们一家还会进行动画片的角色扮演。当然,我在选片时刻意选取了契合他们家成员关系的动画片,如《淘气包里奇》。

其实,该生的家长偶尔也会在课堂上"偷听",有时学生爸爸就在房间里,但从来不会出镜,也不会干涉我的教学,有时我在教学生某个词语时,她爸爸会小声跟着读,她会瞟一眼爸爸所在的地方,然后立即跟读。

以上这些使我想到,学生家长也可以作为线上中文教学的对象。其实,家长若是陪伴孩子上课,可以对孩子起到监督作用。

五、家长汉语班

卡尔加里第一所中英双语小学 Highwood School 开设过家长汉语班,学校里母语是非汉语的学生所占比例为 75%。多数家长的母语是英语,汉语水平是零起点,仅有极少数华裔家长能说粤语。考虑到家长对学生功课的辅导,学校进行了如下尝试,见表1。

表1 汉语班开设情况

期次	学习目标	教学语言	教学策略与教学实施	教师自编教材结合多媒体课件"长城汉语"
2011年第一期	了解中西方文化的基本差异;从事基本汉语交际;奠定初级汉语基础;学习250个生词;培养与子女用汉语交流的能力	英语	以语言为经,以文化为纬;提供给家长课堂演练机会;使用"长城汉语"等多媒体课件,打造汉语环境	教师自编的教材——《"东"张"西"望——看中国文化和语言》;"长城汉语"第1、2级的第5、6单元,每周完成1个单元

续表1

期次	学习目标	教学语言	教学策略与教学实施	教师自编教材结合多媒体课件"长城汉语"
2012年第二期	使用与日常生活有关的文化元素;提升汉语交际能力;增强汉语发音的准确性;加学250个生词;学唱两首歌,背诵两首诗	英语(用汉语提问)	用作业的方式讨论跨文化交流;增加课堂角色扮演活动;学习与生活有关的生词;立体化教学,同一个主题下,每周使用"长城汉语"的多个单元	教师自编的教材——《"东"张"西"望——看中国文化和语言》;"长城汉语"第1、2、3级,共有30个单元,每周完成多个单元

为提高线上课堂教学中家长的参与度,开办家长汉语班这一方式值得借鉴与参考。

教学反思

家校协同是全球教育研究与实践的重要趋势,也带来了重新审视家校关系的契机。

家校协同是指在新的教育生态系统中,以互联网为支撑,各个教育主体之间通过支撑互补、协作配合,形成的多元教育共同体,它能够共同促进学生的成长。多元教育共同体的"协同",意味着相关主体的关系具有民主和平等的特征,主体之间的作用不是单向的、简单的、清晰的和稳态的,而是具有多维性、复杂性、融合性和动态性,各个主体以促进学生发展为共同旨趣,在相互对话、作用与影响中,逐步发展、完善、成长,实现互联、互惠、共赢。

"互联网+教育"中的家校协同是互联网技术支撑下的新的实践,也催生了新的教育教学规律和研究方法。对于教育研究者,一方面要立足于当前家校协同的现状、问题和需求,以实证研究范式探索家校协同实践的改善和制度的完善,逐渐形成科学理论;另一方面也要尝试以新视角、新手段和新方法,揭示家校协同促进学生发展的基础规律,推动教育实践的创新。

教学建议

由于家长的文化认同、语言态度、效果预期、动机和能力等都会对学生的中文学习产生影响,因此在线上中文课堂中,教师应在树立家校协同意识的基础上,通过合理分配教师与家长的课堂职能、共同制定课堂互动规则等方式,引导家长有效参与课堂教学,发挥家长监督课堂及调动学生积极性的重要作用,协助教师进行教学。

专家点评

2015年,教育部印发的《教育部关于加强家庭教育工作的指导意见》(教基一〔2015〕10号)指出,要"积极发挥家庭教育在少年儿童成长过程中的重要作用""构建学校教育、家庭教育和社会教育有机融合的现代教育体系"。家庭教育已经成为当今教育界关注的重要议题,学校教育和家庭教育协同育人已经成为教育融合的焦点。根据家长参与的特点,可将家长分为陪伴型、指导型和旁观型等不同类型,不同参与度的家长对线上课堂的影响有待进一步实证研究,家长的个性特点也是显著的区别特征。

国际中文教育所面对的家长除了个体差异外,语言水平、地域文化、民族文化心理、价值观等方面也存在较大差异。例如,案例中的陪伴型家长便给李老师带来了额外的教学压力。李老师将家长参与视为额外压力,但王老师并未因此产生偏见,而是就家长参与教学过程这一现象与同事积极交流并主动探究。

首先,王老师对家长类型进行了分析,在案例中也有相应的具体表述。这些都体现了王老师在跨文化交际中的受众意识与共情能力,能够以开放、包容的心态看待家长参与,并发现家长参与在解释生僻的词语、角色扮演等方面的积极作用。例如,学生家长偶尔会在课堂上"偷听",但从来不会出镜,也不会干涉教学;学生的爸爸、妈妈、哥哥课下陪伴她一起看绘本动画片,一家人还进行动画片的角色扮演等。可见,家长对中文的态度直接或间接地影响了孩子对中文的选择,家长对于孩子的学习设备调试、时间管理、习惯培养、学习态度养成等起着重要作用。

其次,家长的参与意愿、参与程度、参与方式,以及教师对家庭教育的建构与引导是影响家校协同成效的综合因素。家校协同中,教师既要帮助家长理解其在学生成长中所扮演的重要角色,关注家长的个别化需求,又要引导家长逐步转变为家校合作的支持者。案例中,王老师刻意选取了契合学生家庭成员关系的动画片《淘气包里奇》,促使家长时而参与,时而指导,时而陪伴,对线上教学起到了积极的促进作用,王老师能积极地看待与思考家校合作的贡献与空间。

最后,王老师也比较善于反思,具有主动服务需求的意识。例如,梳理了不同中文需求的家长类型,查阅了提高家长功课辅导水平的家长汉语班的开设状况,对家长群体的汉语需求及家校协同的成效进行了主动思考,我们就此看到了一名新手教师对国际中文教育事业的热情和使命感。

当然,我们也应认识到世界各国文化传统、国民性格等差异巨大,国际中文教育需进一步发挥市场机制的筛选作用,为汉语需求强烈的家长人群提供服务,并在教师、学生、家长的互动中,丰富家校协同国别研究成果,提升国际中文教育领域家校协同的实践水平。

思考与讨论

- 你觉得在线上中文课堂中应该出现家长角色吗?这种角色会对课堂产生怎样的影响?
- 如何建构线上中文课堂中教师、学生、家长间的新型关系?
- 你对于开设家长汉语班有什么看法?

学生分享欲太强怎么办?

导读:在智能化迅速发展的今天,有的课堂转到了线上,科班出身的教师也便有了更多从事线上汉语教学工作的机会。由于远程线上教学不同于传统的课堂教学,因此习惯于传统教学的教师会面临许多新问题,也需要新的解决对策。案例中教学对象是一位华裔学生,是教师最早的一批学生之一,他们之间会发生什么有趣的故事呢?我们一起来看看吧。

案例背景

教学环境:线上课程依托 LingoAce 汉语教学平台,该平台首先会根据学生的大致水平由管理教师划分学生类型和课程等级,并由此安排预约试听课。如果授课教师觉得该等级适合该学生,就会继续进行后续课程。如果授课教师觉得当前课程不适合该学生,可进行适当调整。平台规定每个等级所适用的教材且提供基础课件,授课教师可以根据学生水平进行适当调整或制作拓展课件。学生坤坤的幼儿园时光有一半是在中国度过的,所以从小便接触了汉语。坤坤时常会回到中国,且在家里也会和母亲讲中文,具有一定的目的语环境。在上网课之前,坤坤在线下已经学过中文,每周一节课,因效果不好才转为线上一对一模式。坤坤从小学习两门语言,属于双语同时发展,但考虑到现阶段日常主要使用英语交流,因此更偏向于将汉语作为第二语言进行学习,又因为是华人子女,不同于外国人学习汉语,所以应属于华文教学范畴。

教学对象:美国华人家庭的孩子,男生,10岁,就读于美国小学四年级。幼儿园时约有一半时间在中国生活,经常往返于中美两国,所以汉语听说无障碍,读写水平大概为初级,学习过拼音,会一些汉字和简单的词语、句子。他母亲为在美中文教师,平时在家会教他学习一些汉语,他平时也会与母亲用中文交流。

该名学生坤坤性格开朗,礼貌大方,课堂上积极配合,但有时会注意力不集中。

教学方式:Lingo Ace线上平台一对一直播教学。

教材:本次案例课程所用教材是人民教育出版社出版的部编版小学语文一年级上册。本教材主要适用于国内汉语为母语的小学生,也是从汉语作为第一语言的角度出发编写的。该教材从2016年秋开始应用,遵循语文教育的基本规律,继承我国语文教育的优良传统,特别是吸收了语文课程改革的经验,大胆创新,重视文体意识和中国传统文化教育,集合了人文性与工具性,同时强调生活意识和活动意识。该教材有以下特点:其一,教材选文强调四个标准——经典性、文质兼美、适宜教学和时代性。其二,重视语文核心素养培养,重视语文知识体系的构建。其三,单元结构更加灵活,综合性更突出。其四,阅读教学采用三位一体的方式且区分不同课型。

很多华人华侨家长选择中国国内的语文教材作为上课的教材,是因为他们的孩子已经有了不错的汉语听说能力,希望其能和国内将汉语作为母语的学生汉语水平接近,除了语言知识的学习之外,也要学习更多文化知识、文学知识等,以期实现双语共同发展。

案例描述

坤坤是我在LingoAce这个平台上任教以来接触到的第一批学生之一,我们的故事还要从第一节课开始说起。

那是2021年七月暑假的某个晚上,第一节课坤坤是自己来上课的。我们愉快地打了招呼,相互做自我介绍后就开始了"中文之旅"。

首先,我通过简单的游戏测试了坤坤的汉语水平,包括读拼音、写成语等。这个部分完成得非常顺利,坤坤也积极地反馈、礼貌地提问题,给我留下了非常好的印象。接下来,我们进入了新课的学习,在学习的过程中也非常愉快,因为他总能够说出自己的想法,并及时给予老师反馈。课后,从他妈妈那里我了解到,该学生的汉语学习经历、学习水平、学习特点等,同时我也感受到,坤坤的家庭教育是很充分且有效的。不过,坤坤妈妈说孩子在课上很喜欢唠叨,当然一方面是因为坤坤的思维比较活跃,另一方面是因为在美国基本没有人可以和他说汉语,所以他在课堂上的表达欲望就会特别强烈。我跟学生妈妈说:"第一节课的感觉还好。"妈妈说可能是因为还不熟悉,让我做好准备。

果然,上了几次课之后,我发现我还是"太年轻"了,还是他的妈妈了解他。

学生分享欲太强怎么办？

在课上，坤坤有时会说一些他特别感兴趣的东西，比如美食，还有他去过中国的哪些地方，然后跟我分享。刚开始的时候，我也会和他聊一聊，而且觉得很欣慰，因为充分的输入和输出，即表达交际是学习语言最好的方法之一。但是，问题也出现在这里，因为有的时候我们甚至会聊半节课，这是非常影响教学进度的，并且有时还会重复聊到一些东西，占用很多的课堂时间。

那么，面对这一情况，我是怎么处理的呢？

首先，我会直接限制时间，超过这个时间就不可以再聊其他的内容，要回到课堂主题上来。坤坤会很礼貌地答应，但是过一会儿，他就会突然打断我说他有问题，结果还是上个问题。这个时候我意识到，虽然学生同意我的提议，但其实他的思想并没有回到课堂上来，或许是因为他想把要说的内容说完。儿童的自控能力不如成人，如果强行把他拽回来，或是严厉地批评，学生可能会不开心，并且可能会适得其反。经过反思，再出现这种情况的时候，我会提出更加深入的问题，提高表达的难度，或者让他接受一个挑战，要用学过的字、词、句子或者语法来表达。这样不仅满足了学生想要表达的欲望，也可在交际中提升汉语水平。

后来，经过一段时间的学习，坤坤的书写水平也同样有所提高，这时我会给他布置主题式小作文，用几句话写一写我们讨论过的事情或是感兴趣的事情。除此之外，我也会记住一些他感兴趣的点，用于日后在课堂上创设情景与举例。如果主题本身是学生感兴趣的，就比较容易调动学生的积极性，而且效果也更好。

课上除了会出现无节制的表达外，还有一件事情让我印象深刻。在学完新内容后，我要求坤坤用新学的内容创造一个故事。不出所料，坤坤"超标"完成了任务。他会用我们学过的知识去造一些不符合语法规则却充满想象力的句子，并用一种不太符合逻辑但很新奇的方式把它们连起来。

听到这些我其实挺意外的，因为很少有学生有这么丰富的想象力。所以这时我没有直接去纠正他的错误，而是对他丰富的想象力和创造力给予肯定，并向他传达我的感受，然后再提出一些问题，考查他之前出错的地方现在会不会用。事实证明，大部分他都知道该怎么用。这时我会告诉他："生活中我们可以这样写一些充满想象力的故事，但是平时说话可不能这么用，否则别人就不知道你在说什么了。"

后来我了解到，坤坤说一些"奇怪"的句子，是故意在跟我开玩笑，而出现此种情况也是因为他信任我，我们的课堂氛围比较融洽。孩子的想象力和创造力是非常值得保护的,因此不能轻易为他们编制一些条条框框,打消他们的积极性。

经过一年多的线上学习,我们之间建立了极其良好的师生关系,和从前一样,几乎每节课前坤坤都会跟我分享他生活中的趣事,比如说他养的小鸡、摆的乐高积木等,我也会和他分享我的生活经历。重要的是,经过学习,坤坤在听、说、读、写各个方面都有了很大提高,我也得到了家长的认可。希望坤坤可以一直热爱汉语,保持兴趣,充满创造力和想象力,在以后学习汉语的路上再接再厉!

教学反思

在这则案例中,师生之间的第一印象是比较好的。然而,随着了解的深入,我也发现学生的性格偏向于外倾,分享欲非常强,容易出现说起话来收不住的情况,在表达的时候也容易出错,那么应该如何处理这样的问题呢?案例中我试着给出了几个比较好的解决方案。

其一,在维护学生创造力和表现欲望的前提下,通过一定的方式将话题引到课堂教学内容上来。比如让学生用我们学过的知识来表达自己想要分享的话题,抑或是我们将要讨论的话题;也可以由该话题引出更有深度的问题,启发学生思考和有逻辑地深入表达;还可以布置相关的课后作业,比如主题式小作文,让学生进一步通过书面语表达自己的观点。

其二,如果学生表达错误,教师要先明确学生是故意出错的,还是由于不小心出错的,或者是因为没有掌握该知识点而出错,即失误或偏误。在找到真正原因的基础上,再有针对性地提出不同的解决方案。如果学生是因为没有掌握而出错,教师就要进一步讲解和操练,并进行自我反思。如果学生是故意出错,像案例中的情况,教师也不必太过严苛,可以在维护学生创造力的基础上,给予相应指点和引导。

除此之外,还有一点需要注意,就是要在课堂上制定一定的课堂规则,不能被学生牵着鼻子走。当然,课堂规则的制定需要根据实际情况灵活调整。比如面对案例中与教学内容无关的话题占用了太长时间的情况,教师便可严格设定讨论时间,树立教师在课堂中的威信,否则教学效果将大打折扣,正所谓得不偿失。

教学建议

语言教学离不开应用,学生的学习离不开动机。

因此,教师要因材施教,激发学生的学习动机。同时,教学内容要与学生的兴趣相结合,发掘学生的兴趣点并将其融入教学过程,增强学生的应用能力。

我们知道动机对语言学习至关重要,学生的融入性动机和工具性动机直接影响学生的学习状态。对于案例中的坤坤来说,父母已经从工具型动机的角度告诉孩子学习汉语是为了以后达到某种目的,如方便考大学,找到好工作,其实这是离学生比较远的目的。从教师的角度,可以从文化融入的方面来增强学生对汉语学习的兴趣,比如借由学生比较感兴趣的中美衣食住行方面的差异,便可以将汉语教学潜移默化地融入孩子平时的学习和生活中。

专家点评

语言水平是通过输入与输出不断交互而提升的,然而对已有语言材料的反复输出却不利于语言水平的持续提升。案例中史老师面对的教学对象——10岁的华裔学生坤坤,从小有着汉语接触史和强烈的汉语自由表达欲望,在使用部编版一年级语文教材开展教学过程中,史老师遇到了利用教材系统提升学生语言水平和学生依赖现有水平重复表达之间的矛盾,这同时也是教师有效调控课堂和学生自由表达的意愿不受伤害之间的矛盾。

教师首先尝试采用了直接限制时间的办法,超过这个时间就不可以再聊其他的内容,要回到课堂主题上来,但是过了一会儿,学生依然会提及之前被打断的问题。这是采用堵塞的办法,教师的控制大于学生自主,学生的自由表达意愿没有得到充分尊重。史老师也认识到了儿童的自控能力不如成人,如果强行把他拽回来,或是严厉地批评,效果可能会适得其反。

经过反思,当这种情况再次出现时,史老师提出了更加深入的问题,提高了表达的难度,要求学生用学过的字、词、句子或者语法来表达,这样不仅满足了学生想要表达的欲望,也实现了在交际中提升汉语水平的目的。这是采用疏导的办法,机智地解决了课堂调控与学生表达意愿之间的矛盾,并且围绕教学目标进行了有效操练。

语言技能听、说、读、写是输入、输出的综合提升过程,有了一定量的听、读语料的输入积累,有助于说、写技能的相应提升。我们看到案例中坤坤经过一段时间的学习,书写水平同样有所提高。此时,教师依然会结合孩子的兴趣点,给他布置主题式小作文,比如用几句话写一写他们讨论过的或是坤坤感兴趣的事情,通过主题限定,实现有针对性的语料训练,在将教学目标与兴趣结合的过程中,促进了语言技能的螺旋式上升。

　　在发掘与保护坤坤的兴趣方面,教师还有不少妙招和见解,比如会记住一些学生感兴趣的点,用于在日后课堂上创设情境与举例,从而更好地调动学生的积极性。面对坤坤用学过的知识去造一些不符合语法规则却充满想象力的句子,教师没有直接去纠正他的错误,而是对他丰富的想象力和创造力给予了肯定,并向他表达自己的感受,然后再提出一些问题,去考查他之前出错的地方现在会不会用。果然坤坤说的一些"奇怪"的句子是智慧的玩笑。史老师由衷地感叹,孩子的想象力和创造力是非常值得去保护的,因此不能轻易为他们编制一些条条框框,打消他们的积极性。

　　良好的师生关系是教学成功开展的保障。每节课前坤坤都会跟史老师分享他生活中的趣事,史老师也会和他分享自己的生活经历,坤坤在学汉语的路上,保持着自己的兴趣、创造力和想象力。坤坤的身心是愉悦的,呵护孩子愉悦的这份师爱是温暖的。

　　综上,我们看到了教师通过适度把控、新知嵌入等巧妙的方式兼顾了学生强烈的分享欲,如让学生用学过的知识表达自己想要分享的或教学涉及的话题内容,以及由该话题引出更有深度的问题,启发学生思考和有逻辑地深入表达,再或者布置主题式小作文作为课后作业,使坤坤进一步通过书面语表达自己的观点。同时,史老师也意识到划分学生表达错误的类型及制定课堂规则的重要性。

　　总体而言,教师对坤坤的因材施教是比较成功的。教师没有用严厉的批评扼杀孩子对汉语和教师的喜爱,而是结合新知对孩子的分享欲因势利导,既保护了孩子的表达欲,也使孩子的汉语水平上升了一个台阶。本案例彰显了国际中文教育是一项伴随情感的有温度的事业。

思考与讨论

- 针对外倾型学生,我们应该采用什么样的教学方法和教学技巧?

- 案例中教师所采取的方法怎么样？有什么样的优缺点？
- 纠错的限度是什么？什么样的错误必须纠正，什么样的错误可纠正也可不纠正？
- 教师可以通过哪些途径发掘学生的优势与兴趣？
- 如何利用学生的兴趣点进行汉语教学？
- 学生有回避现象时，教师应该怎么做？

被"打脸"的一堂课
——"666"？太"low"了！

导读：你遇到过这样的窘况吗？当学生问你问题，你却连问题都听不懂，只能尴尬地说："Sorry, I can't understand."你遇到过这样的窘况吗？当学生期待你做出解答，你却支支吾吾答不出来，最后被学生以一句"算了！"结束了对话。你遇到过这样的窘况吗？在课上解释某些事物代表的中华文化时，你以为学生会懂的汉语网络流行语，学生却完全听不懂。你遇到过这样的窘况吗？你称赞学生的话却触犯了他们的禁忌。当上述这些窘况同时出现在一名新手教师的第一节线上汉语课上，你可曾想象该如何面对？接下来，就让我们跟随教师的脚步，一起去看一看当时究竟发生了哪些事吧。

案例背景

课型：汉语综合课。

教学内容：《汉语教程》（第三册上）的第 2 课"一封信"。

教学环境：教师处于目的语环境，教学对象身在巴基斯坦、阿富汗、非洲国家或地区；汉语作为第二语言教学。

教学对象：全班共 37 人，其中以男生居多，正式上课的人数在 10 人左右；年龄在 18～25 岁，来自巴基斯坦、阿富汗、非洲国家或地区；华北理工大学临床医学专业，2018 级大学本科三年级，有近两年的汉语学习基础；学生汉语水平参差不齐，多数学生汉语水平较高，课上较为活跃；少数学生课上较为沉闷，课堂活动参与度较低，处于被动学习的状态，汉语水平仍处于初级阶段。

教学方式：腾讯会议线上平台直播教学。

教学语言：主要使用汉语授课，必要时使用英语作为辅助语言。

教材：本次案例课程所用教材是北京语言大学出版社出版的由杨寄洲主编的《汉语教程》（第三册上）。根据教材说明，这本教材适用于第三学年学习汉语的学生。

案例描述

当知道自己即将真正进入留学生的汉语课堂时，作为一个半路出家的国际汉语教育工作者，我非常激动。我想，终于有机会将所学所知付诸实践了，但我的内心又非常忐忑。忐忑的原因有很多，比如，自己的学生究竟是什么样子的？我的英语不好，会不会跟他们沟通不畅？如果教得不好，他们不喜欢我怎么办？我的脾气急躁，课上跟他们产生冲突怎么办……就这样，怀着复杂的心情，我开始根据实习指导教师的要求备课，撰写教案和讲稿。

写教案我能理解，但当指导教师告诉我，我要将我准备在课上所说的每一句话都写出来时，我的内心是崩溃的。当时我觉得这根本是无用功，课堂上的情况变幻莫测，我要怎么讲完全应该根据学生的反应来定啊。现在把讲稿写出来，到时候学生怎么可能都按照我预想的程序进行呢？

我带着不理解将"一封信"这篇课文的生词教案和讲稿写了出来，交给了我的指导教师。指导教师很认真地给我提了很多建议，此时我已经有些不耐烦了，便机械地按照指导教师的要求改，并没有深想过其中的原因。在我的认知里，课堂教学应该是教师提前写好教案，做好PPT，要讲什么、怎么讲自己在心里演练一遍就好，而真正上课时，教学内容、节奏、状态等都要根据学生的反应来调整，提前做讲稿这种准备多半用不到。不过，我很快就为我的轻率买单了。

真正开始教学是星期二的下午，我紧张得提前一个小时便化好妆，然后进入腾讯会议，打开摄像头调整自己的背景，开启美颜，确认自己处于最好的状态，之后跟指导教师调试设备，确保一会儿上课时另一端的学生能听到我的声音、看到我的PPT。课堂即将开始时，我才想起来问指导教师这个班有多少名学生。我继续焦灼不安地等待着上课时间的到来……不知过了多久，才等来了姗姗来迟的学生。

"老师，怎么才两个人啊？"我有些着急，向我的指导教师发出疑问，"那我现在要不要开始上课啊？"

指导教师说："你先别急，我去班级群里喊他们来上课。"

在我等待其他学生的同时,我有些尴尬地跟这两名学生聊天。幸运的是,他们很热情,不停地跟我打招呼:"你好!老师。"虽然他们的发音不是很标准,但极大缓解了我内心的紧张。几分钟后,陆续来了几名学生,指导教师告诉我,可以开始上课了。我数了数,一共7个人。这和我一开始想象的不太一样……

"同学们,下午好!"我打开摄像头,尽量让自己看起来亲和力满满,"我是你们的新老师,我叫xxx。"

"哈喽!老师,你好!""你好,老师!""新老师,你好!"

学生们热情地跟我打招呼,让我觉得这节课已经成功了一大半。带着好心情,我开始了我的第一堂汉语课教学,但很快现实便击碎了我盲目又可笑的自信。

在讲到生词"筷子"时,我引入了"竹子"这一词语。在备课的时候,指导教师就告诉我,既然提到了竹子,就可以顺其自然地做一些文化讲解,讲一下竹子在中华文化里的象征意义。我觉得这个提议很好,讲解起来也容易,可以用经典古诗"宁可食无肉,不可居无竹。无肉令人瘦,无竹令人俗。"来表达古人对竹子的推崇,赞美竹子坚贞不屈的高洁品质。

于是在讲解竹子时,我告诉学生,中国有首古诗——"宁可食无肉,不可居无竹。无肉令人瘦,无竹令人俗",同时还出示了带有拼音的古诗PPT。接着,我便向学生解释这首古诗的意思:"同学们,这首古诗说的是'宁愿我吃的饭里没有肉,住的地方也不能没有竹子。没有肉吃会让人变瘦,但没有竹子却会让人变得庸俗',因为在中国,竹子除了……"

"老师,什么是——yōu俗?"我的话突然被打断了。

"啊?"我有点儿愣住了,下意识地纠正:"是yōng俗,不是yōu俗。"

"哦哦哦,庸俗。"那名学生重复了一遍。"那么老师,什么是庸俗?"

我想了一下,接道:"庸俗就是,嗯,低端,就是这个人很俗,很low。"

"low?"学生步步紧逼,不等我松口气又继续问,"老师,是说那些住的地方没有竹子的人个子低吗?"

我有点儿慌了,因为课前并没有想到学生会不懂庸俗这个词,会在这儿发出提问。我当时脑袋里一片空白,一边支支吾吾地说:"嗯——不是,是他们比较——不高洁——low不是低的意思,是比较俗,不是很正直……"一边赶紧打开计算机旁边的手机,想要查一下庸俗的英文到底该怎么说,但是手机在这个时候异常卡顿,怎么也打不开检索软件,而我已经不知道说了些什么乱七八糟的话了。

那名学生好像感知到了我的窘境,他嘟哝了一句话,好像不是英语,是他的母语——乌尔都语。我不理解,赶紧问道:"什么?Sorry, I can't understand."那名学生叹了一口气,说:"算了,老师,你继续吧!"

"算了?"我彻底愣住了,这句"算了"像是一记无形的耳光对着屏幕前的我狠狠抽了过来。作为一名教师,无法为学生答疑解惑是为失职,而学生无奈地说出"算了"两个字,更是对一名教师教学最大的否定。我顿时脸颊发烧,脑袋发蒙,抬头看到屏幕里自己尴尬的样子觉得无比狼狈,委屈又丢脸。那一瞬间,我的脑袋里好像闪过很多东西,最终却只剩下懊悔,懊悔自己为什么没有好好备课。

我清了清嗓子,不知该从哪里讲起,突然就瞥见了桌角上的平板电脑,平板电脑里正是我之前"被迫"写的讲稿。宛若看到救命稻草一样,我赶紧翻到"竹子"那里,按着上面的话开始往下念:"在中国,竹子除了可以做各种家具、筷子,还有其他的意思……它象征着一个人的品性很高洁……希望同学们都能像竹子一样,正直坚韧,虚心好学。"我一边念一边平复心情、整理思绪,当念到"虚心好学"时,我感觉特别羞愧,我就是太自大了,所以才会出现这样的情况。

有了讲稿在旁边辅助,我强装镇定地继续往下讲,好在后面的课程讲解还算顺利,我也慢慢从刚才的状态中走了出来。调整心态后,学生的高度配合又让我开始有些怀疑刚才是不是太小题大做了,也许那就是平常的一个课堂小插曲而已。然而放松下来的我,马上被再次"打脸"。

在讲到"表示"这个动词的用法时,我列举了一些例句,然后总结性地说:"是事物本身显出某种意义或者凭借某种事物显出某种意义……"这时,一个学生抢答道:"老师,我表示我理解了!"我非常惊喜,因为"表示"有三个意思,我之前很担心讲不明白,他们会不理解,但现在看来,他们懂了。成就感油然而生,我忍不住笑着夸奖他:"你太棒了!真是666!"

那名学生愣了一下,说:"What?"我以为他是不懂666的意思,便跟他解释:"six,six,six,666是网络用语,表示很厉害,很聪明,很棒。"我以为他会因为我的夸奖而高兴,但是我又被"打脸"了。他努力地用中文说:"no,no,no,老师,请不要对我说666,666是不好的……"我火速道歉:"不好意思。I'm very sorry. 我不知道这个。"学生也很大度,他说他并没有生气,只是希望我下次可以注意一下,不要对他们使用这个说法。我赶紧答应下来,但同时,"火"又在我脸上烧了起来。

我强撑着尴尬讲完这堂课,跟学生们道别后,便火速关掉了腾讯会议。坐在计算机前的我心情久久不能平静。

过了一会儿,我的实习指导教师便联系了我。在目睹了我状况百出的课堂后,她仍然细心地安慰我说:"挺好的,挺好的,虽然经验不足,稍有欠缺,但是咱们可以继续努力!"我沮丧地问指导教师:"学生是不是对我的表现非常不满意?""没有,没有。挺好的,他们都夸你呢,说感觉你特别努力,work hard,别灰心。他们说你讲的知识有点儿难,所以希望下次课堂上用语能更加简洁一些。"

我沮丧到极点的心情开始由阴转晴,很幸运能够遇到如此细心、耐心的指导教师,还有这样大度、宽容的学生,我又重新找回了对汉语教学的信心,相信下次课我一定能成功。

教学反思

针对这堂课中出现的问题,我在课后及时进行了反思,并总结出以下内容:

其一,没有摆正自己作为教师应有的位置。第一次同时接触这么多外国学生并对其进行教学,觉得新奇是正常现象,但是作为一名国际中文教师,应该清楚留学生只是我的教学对象,而不应该成为我炫耀的资本。从事国际中文教学的教师责任重大,若不能摆正自己的位置,对学生而言是不公平的,对自身发展也是有害无利的。

其二,教学认知不充分,备课心态不端正。在课前,对于指导教师提出的写讲稿的要求,我没有及时提出自己的疑惑并与指导教师进行详细的沟通,导致备课不充分。对于新手教师来说,讲稿不仅仅是让教师提前演练教学内容,使整堂课的教学用语及内容书面化,更是能直观地发现问题、解决问题的良药。因此,对于毫无教学经验的新手教师来说,逐字撰写讲稿非常重要。

其三,对于线上教学的态度有些轻率。与线下教学不同,在进行线上教学时,我在心理层面没有重视起来,没有将线上教学看作正常的上课,且受线上平台一些美颜、虚拟背景等小程序的影响,我并没有真正将全部身心投入教学中。其实,教师能够获得学生的尊重,更多靠的是教学实力与自身魅力,并不是开了美颜的摄像头,因此教师在线上教学时务必要端正心态,客观看待。

其四,备课时没有备学生、备教法。我在临上课前才想到问指导教师"这个班级有多少名学生",这是非常不专业的做法,并且我也没有提前做功课去了解学生的汉语水平。课后,在我与指导教师沟通时,指导教师告诉我:"虽然他们已经学了两年汉语,但是整个班级学生的汉语水平参差不齐。所以我们在备课时一定要充分了解学生的真实情况,在使用高级词汇造成学生理解困难时,一定要想好如何用初级、中级词汇去解释。同时,也要提前了解学生的禁忌,避免产生冲突。"因此,新手教师在上课前一定要仔细了解学生的情况,包括但不限于汉语水平,要充分备课,不仅要备教材,更要备学生、备教法。

其五,教学状态易受周围环境影响。某些学生经常不守时,教师不应被"只有两三名学生怎么教""其他人跟不上怎么办"这种问题困扰,而打乱原来的教学计划与安排,应当继续按部就班进行自己的教学,把其他事情放于课后解决。

其六,课堂上不应戴着有色眼镜去看待学生提出的问题。当学生对教师的教学产生疑问并进而追问时,教师不应将学生的好学当成是对教师的为难或逼迫,进而打击学生的积极性,而是应当给予积极的回应与解答。

其七,课堂上无法立即解决的问题可以暂缓解决,并采用恰当的方式、缓和的话语引导学生重新回到学习正轨上。虽然在线上课堂中,教师可以仗着学生不在旁边,看不到自己用手机搜索得出答案,但养成习惯后备课就会懈怠,当有一天站在讲台上直面学生时,就可能会遇到更大的问题。

其八,新手教师进行教学时切忌盲目自信。能够在出现失误时及时调整心态是好事,但对待接下来的教学应该更加小心与慎重。教师在无意中触犯到学生的禁忌时,一定要及时道歉,大部分情况下学生都能体谅。但是,归根结底,应该尽量避免类似事件的发生。在上课时,要尽量避免使用网络词语。指导教师课后告诉我,她也不知道"666"在学生的母语中有不好的意思,但是因为她平时上课时并不会使用网络词语跟学生解释一些中文词语,或者跟学生沟通,所以并没有出现过这样的情况。

由于所处国家不同,学生与教师在网络上接触及关注的信息并不完全一样。每个国家的文化背景不同,汉语里很平常的一句话,也许就会触犯到外国学生的禁忌。因此新手教师在上课时一定要避免使用网络词语来解释汉语词语或夸奖学生,以免引起误会与文化冲突,导致打乱课堂秩序。

教学建议

在线上汉语教学前,教师应全面了解学生,尊重教学对象所在国的文化背景,尽可能避免文化冲突。

在正式开始教学前,教师需要提前与原任课教师、学生取得联系,全面了解、掌握教学对象的真实情况,例如,国别、文化背景、性格特点、学习动机、汉语水平等,进而为正式课程的展开与师生间的和谐相处奠定良好基础。

课上,教师要尽量选择学生能听懂的词语进行授课,增加可理解性输入,进而激发学生的学习兴趣,引导学生进行有效的语言输出。课后,教师也要及时进行教学反思,对教学内容、教学设计、教学语言进行调整,争取每次课都能比上次课做得更好。

在线上汉语教学中,教师要端正态度,调整心态,摆正位置。

线上教学对于已经熟悉线下教学的教师来说,是一个新的领域,充满了未知与挑战。在这样的环境与背景下,教师首先要做到的是转变心态,在教学过程中与学生共同成长,不断提高自身素质与能力。

作为新手教师,应当明确一名专业国际汉语教师的职责所在。面对学生可能出现的状况,应该提前做好预判,做到心中有数,并积极引导学生适应线上教学与学习,用专业的态度与丰富的知识出色地完成每堂课的教学任务。

其实,无论是线上教学还是线下教学,教师都起着非常重要的作用。在进行线上教学时,教师要充满热情,用自己饱满的情绪感染学生,从而使学生愿意参与到汉语学习中来。

同时,教师应在上课之初制定并向学生表明课堂规则,以此来严格规范学生的言行举止,保证课堂出勤率、教学目标的达成与教学效果的显现。

专家点评

第一堂课的重要性毋庸置疑,上得好与坏、成功与否,将直接影响学生对教师,甚至对这门课程的兴趣与学习效果。因此,无论是职前教师还是在职教师,无论是专家型教师、熟手型教师还是新手型教师,都特别重视第一堂课。苏老师的这堂课便是她作为一名职前的新手教师的第一堂线上中文课程。虽然课前苏老师认真备课,但是在课堂中还是窘况频出,这是为什么呢?职前教师在上第一堂线上中文课时应注意哪些问题呢?

一、分析学情特点,因材施教

学情分析是实施整堂课的基础与关键,是分析教学内容的依据,是设定教学目标的基础,是选择教学方法与教学手段、配置教学媒体等的前提。只有针对具体的学生才能确定本节课的重难点。比如同样是韵母 ou,对于韩国学生是教学难点,对于欧美学生则不是。只有真正了解学生的现有汉语知识储备与心理认知特征,才能从学生的最近发展区确定知识目标、能力目标、情感目标或素质目标,才能确定适合本班学生的教学策略。因此,要提前跟指导教师或其他任课教师了解学生的国籍、汉语水平、年龄、风格等。

了解学生的国籍:要了解该班学生都来自哪些国家、是否是混合班。首先不同国家的学生其学习风格具有差异。其次在学习不同语言要素时教学重难点不同。欧美学生属于非汉字文化圈,汉字的书写对于他们是教学重难点,而对于汉字文化圈内的日韩学生则不是。最后不同国家具有不同的文化,这些不同的文化对中文学习具有不同的迁移作用。

了解汉语水平:要清楚本班学生的汉语水平,包括听、说、读、写能力。要根据学生现有的汉语水平与可能达到的发展水平组织教学内容,思考是否需要重组教学内容和调整教学内容的顺序;要根据学生的汉语知识储备调整课堂用语,遵循"$i-1$"的原则,以免课堂用语过难,学生听不懂。

了解年龄:要根据班级学生的年龄选择教学方法、教学手段,这是由于儿童与成人具有不同的学习特点。儿童以形象思维为主,逐步向抽象逻辑思维过渡,但即使是抽象思维在很大程度上也仍然跟直接经验与感性经验相联系,具有直观性,此外儿童的注意力时长也短于成人的。因此针对儿童的线上中文教学更应该以直观性教学内容为主,多采用实物、图片、动画、游戏等形象、直观的方式进行,教学内容也要切合儿童的认知与兴趣。

了解风格:要根据学生的认知风格、解决问题的风格、思维风格、记忆风格、成就动机、焦虑水平等拓展学习活动、确定教学策略,从而选择适应学习者偏好的学习方式。

总之要以学生为中心,从有利学情、不利学情两个方面,从学习者的学习动机、认知风格、语言能力、知识的掌握程度、年龄、国籍等多维视角分析学生已有的认知水平、能力、存在的学习问题、学习需要、学习行为,针对学生的特点因材施教。另外,要提前拿到学生名单,记住学生的姓名,起码要读对学生的姓名,从而拉近师生的情感距离,还要了解学生的兴趣爱好,将其融入教学内容中,激发学生的兴趣。

二、精心设计教学方案,胸有成竹

要秉承"以学生为中心""以学生为主""以学习效果为目标"的教学理念,遵循"以学定教"的教学原则,根据学情分析,选择合适的教学手段、应用媒体、课堂教学方法,确定教学过程与教学策略,精心设计教学方案,撰写教学设计,做到胸有成竹。这期间还要注意以下两点:

(一)教学设计信息化

线上教学与传统的面授课堂同中有异,一些在面授课堂中教学效果非常好的教学方法在线上教学中则很难实施。比如,讲解趋向补语时,在面授课堂中教师可让学生参与到"我走上去了""他跳下来了"等场景的演示中,边做边讲,可是线上课堂却很难组织学生参与进来。同时,学生长时间盯着屏幕容易产生视觉疲劳,因此在设计线上教学方案时,可多将教育信息化手段融入教学中,多采用以图片、音频、视频为主的直观、形象的教学资源和以游戏为主的寓乐于教型教学技能等,还可以将短视频应用到线上教学中。

(二)讲稿详细化

讲稿是在教学设计的基础上再次加工而成的产物,但与教学设计又有所不同,主要表现在教学组织的实施上。教学设计只是提纲挈领地对教学内容、教师活动、学生活动、设计意图与教学策略进行描述,讲稿则要求新手教师逐字逐句地把要在第一堂课所讲的内容写下来。一份详细的讲稿对于新手教师的重要性不容小觑。撰写详细的讲稿,有助于加深对教学内容的印象,有助于教学设计思路的实施,更有助于增强新手教师的自信心。

三、熟悉线上教学环境,从容不迫

新手中文教师的第一堂课一般有两种情况,大部分面对的是在学期中接手其他教师所带的班级,还有一小部分可能面对的是新学期的新学生。不论哪种情况都要提前了解该校、该班所使用的教学平台,熟悉该教学平台的各种功能与基本操作方法,而且还要不断提高自身的教育信息技术水平和对直播课堂的技术掌控能力,能够根据教学需要将新工具、新技术熟练而不露痕迹地运用到教学中。比如腾讯会议,就要掌握如何预约会议、发布会议号、共享屏幕、共享白板（当教师共享白板时，所有人都可以在上面书写，从而提高学生的学习积极性与课堂参与度）、共享音频（如不共享音频，学生则听不到教师的计算机放出的声音，影响教学进程）、虚拟背景（可添加与本节课相关的背景，进而拉近师生之间的心理距离、教与学之间的距离）、聊天框（学生可提问或发表自己的言论）、小组讨论（据调研，学生特别喜欢这种教学方式，通过小组讨论进行情景表演或辩论等，既能提高其汉语综合运用能力，又能培养他们的合作精神，还能激发学生的创新能力）、投票（教师发布某一主题及选项，让学生立即投票，可马上检测出学生对某一知识点的掌握程度，既能激发学生的兴趣，又能活跃课堂气氛）、标注（教师可用画笔在 PPT 上画圈、书写，辅助教学，起到画龙点睛的作用）等。对于面临新学期的新学生的新手教师来说，不但要对课堂上常用的技术及可能出现的技术问题做到心中有数，而且还要教会学生掌握这些技能。这就需要新手教师提前为学生提供有媒介语的、图文并茂的操作手册，甚至为其提供录制好的操作短视频，最后在正式上课之前约好时间模拟一次，便于学生尽快适应，降低其焦虑感。

四、试讲演练，查缺补漏

确定教学设计、熟悉教学环境等准备工作就绪以后，就要模拟课堂。职前教师要严格按照正式上课的要求，可邀请同班同学或同组同学充当留学生进行授课。通过多次试讲演练，针对问题多次修改教学设计及相应的 PPT，这样有利于促进课堂节奏把控能力的提高，有利于加深对教学内容、教学过程的熟练度，有利于完善教学内容和改进教学方法，有利于提高课堂口语表达能力，降低首次上课的焦虑感，从而保障第一堂课的教学质量。

五、提升跨文化交际能力，游刃有余

国际中文教师不论在国内还是赴国外从事中文教学都是跨文化交际者，其教学过程都是跨文化交际行为。江新、郝丽霞（2011）的实证研究结果显示，具备跨文化交际知识和能力并在课堂教学中加以运用是熟手教师区别于新手教师的重要特征之一。2012 年，国家汉办发布《国际汉语教师标准》，明确提出，国际中文教师应"掌握跨文化交际技巧了，能有效解决跨文化交际中遇到的问题"。因此，新手教师在上课之前一定要深入了解该班所有学生的母语、文化知识、禁忌话题等，根据之前所学跨文化交际知识与策略，提升自我跨文化

交际意识、跨文化敏感度与跨文化交际能力,"具备多元文化观以及对他种文化的理解能力、包容能力,具有鉴别和处理不同文化背景学生问题的能力,在国外教学还要具备与异域文化的家长沟通的能力"(王宏丽、陈海平,2009)。

六、认真反思,日臻完善

著名教育家叶澜说过:"一个教师写一辈子教案不一定成为名师,如果一个教师写三年教学反思可能成为名师。"这句话道出了反思的重要性。

新手教师在上完第一堂线上中文课后要仔细观摩自己的课堂,反思自己的教学。目前大部分教学平台都可以进行课程回看,如不可以,可运用录屏等方式进行保存。新手教师可从教学内容的选取、教学目标的达成度、教学技能与教学方法的实施等层面进行反思,发掘不足和教学特色等,从而改进教学措施,提高自身的教学水平和教学能力,发现和总结教学规律,促进自身专业成长。每名线上中文教师,均应努力将自己培养成真正的"教学型"汉语教师。所谓"教学型"汉语教师是指具有扎实的汉语语音、词汇、语法、语用基础,具有流利的汉语口语表达能力和跨文化交际能力,掌握一定的教学技巧和教学方法,了解第二语言学习规律,有爱心、有耐心的汉语教师(李东伟,2014)①。

思考与讨论

- 面对班级学生汉语水平参差不齐的情况,任课教师应当采取怎样的办法?
- 网络用语真的完全不适用于线上汉语课堂教学吗?如果可以,在使用时应注意哪些方面的问题?
- 班级学生的文化背景不同,教师在无法全面了解学生的所有禁忌时,应如何规避此类冲突?

---

① 李东伟.大力培养本土汉语教师是解决世界各国汉语师资短缺问题的重要战略[J].民族教育研究,2014(5):53-58.

线上活动欢乐多

导读：在传统的线下汉语课堂中，师生面对面交流的优势使得教师很容易在课堂上开展丰富、有趣的活动，这能有效集中学生的注意力。线上这种授课方式给汉语教师带来了很大的挑战。教学如何突破时空的局限，牢牢抓住学生的注意力？线上课堂可以采用什么样的活动开展练习？让我们带着这些问题一起来了解这篇案例吧。

案例背景

课型：初级汉语综合课。

课时：两课时（共90分钟）。

教学环境：网络远程汉语教学（学生在自己国家学习）；非目的语环境的汉语教学。

教学对象：华北理工大学国际教育中心2020级临床医学专业，巴基斯坦留学生，共72人，汉语水平均为初级；学生上课表现积极、活跃，汉语学习兴趣浓厚，与教师互动较多。

教学语言：主要使用汉语授课，必要时用英语作为媒介语进行辅助讲解。

教学内容：《汉语教程》（第一册上）的第十二课"你在哪儿学习"的生词部分，共17个生词，其中名词：语言、大学、语法、同学、同屋、班；动词：觉得、听、读、写；形容词：容易、新；代词：怎么样；副词：比较；连词：和、但是；介词：给。

教学环节：本节课主要对教材第十二课的生词部分进行学习，具体的生词教学环节包括：组织课堂（5分钟）、初识生词（20分钟）、讲解生词（30分钟）、练习生词（15分钟）、测试生词（10分钟）、知识回顾（10分钟）。教学过程中融入三个活动，即首先利用"西蒙说"这一游戏导入，带领学生初识生词，继而对生词展开讲解;其次利用"是谁不见了"这个活动,帮助学生识记生词;最后用"我说你圈"这个游戏进行测试并对本节课的内容进行总结回顾。

教学方式:腾讯会议线上平台直播教学。

教材:本次案例课程所用教材是北京语言大学出版社出版的由杨寄洲主编的《汉语教程》(第一册上),这套教材一共三册,每册分为上、下两本。

案例描述

在生词讲练环节,线下课堂可以开展形式多样的训练,但是有些训练方式在线上教学中却是受限的,那么,线上课堂可以开展哪些活动呢?这个问题始终在我的脑海中萦绕,带着这个疑问我开始了备课。通过回忆以往的线下教学经历,以及同有教学经验的友人沟通,我确定了以下三个生词讲练活动:"西蒙说""是谁不见了""我说你圈"。

"西蒙说"的英文是"Simon says",常被用于生词教学。活动规则是一个人给另外一个人发指令,如果说了 Simon says,另一个人就要依据这个指令说词,如果没说 Simon says,另一个人就不能说词。教师可以通过发指令训练学生的听力,也可以让学生发出指令。该活动不受时间、地点的限制,主要目的是训练学生的听力和对生词的反应能力。这个活动是我的一位朋友在美国教汉语时采用的,她教过我如何操作。第一次接触该活动时我就觉得十分有意思,于是这次我便想到了这个活动。由于教学对象的文化背景、所处的语言环境不同,以前我从未开展过这个活动,加之线上教学可能会对活动的顺利开展造成一定的困难,所以我对这个游戏进行了改编,力求使它更适合线上汉语生词的训练。

"是谁不见了"这个活动可以训练学生记忆生词时的专注力。在线下教学中,教师可以将生词卡片贴在墙上,然后让学生闭上双眼,教师抽走一张卡片,学生睁开眼睛后猜哪张卡片不见了。这个活动能帮助学生很好地集中注意力并记住生词。但是线上课堂该如何开展这个活动呢?我想到了使用 PPT。教师可以把生词输入 PPT 上,然后利用 PPT 的动画效果遮住生词或者让某一个生词消失,再让学生猜是哪个生词不见了,以达到教学目的。

"我说你圈"这个活动是基于我之前的线上教学经验设计的。在之前的教学中,当我利用腾讯会议的"互动批注"功能带着学生在屏幕上做题时,学生可以在屏幕上圈出正确答案。于是我想到,当我说出一个生词,可以让学生马上圈出这个词,利用这种形式测试学生对生词的掌握情况。

经过一番思考,线上生词教学环节的三个有趣的活动便设计出来了,见表1。

表1 线上生词教学环节的三个有趣的活动

活动名称	"西蒙说"	"是谁不见了"	"我说你圈"
练习内容	名词:语言、大学、语法、同学、同屋、班; 动词:觉得、听、读、写; 形容词:容易、新; 代词:怎么样; 副词:比较; 连词:和、但是; 介词:给	四组生词: 听、读、写、给; 班、新、和、但是; 语言、大学、语法、同学、同屋; 觉得、容易、怎么样、比较	本课17个生词
活动目的	使学生对生词产生初步的印象并记住生词的读音	加深对生词的印象,识记生词	检测学生对生词的掌握情况,进一步加深学生对生词的记忆
活动规则	当教师说"西蒙说"的时候,学生要回答"说什么",然后教师会说出一个生词,学生重复教师所说的生词;如果教师没有说"西蒙说",而是直接说了某一个生词,学生则不能说出该生词,只能发出"嘘"的声音	首先展示4~5个生词为一组的图片,然后拿走其中一个生词的图片,让学生猜是哪一个生词不见了	利用腾讯会议的"互动批注"功能,教师说生词,学生在屏幕上圈出对应的生词
活动时间	20分钟	15分钟	10分钟

生词活动设计好了,我怀着期待而又略显紧张的心情开始了第十二课"你在哪儿学习"生词部分的教学,师生经过短暂的问候就进入了"正题"。

"同学们,我们现在来看一下这篇课文的生词部分。"我说道,"在讲解之前,我们做一个活动!"

学生们一下子都被吸引过来了,纷纷问道:"做什么活动?"我告诉他们这个活动叫作"西蒙说",同时在 PPT 上展示出游戏规则,接着我引导学生做了示范,在他们都表示明白后,我们正式开始了游戏。

"西蒙说。"我说道。

"说什么?"学生回答。

"语言。"我说道。

"语言。"学生重复。

"西蒙说。"我说道。

"说什么?"学生回答。

"大学。"我说道。

"大学。"学生重复。

"语法。"我说道。

"语法。"一个男生说道,其他人发出"哈哈哈哈哈"的大笑声。

"是谁说错了?这次老师可没有说'西蒙说'三个字,所以你不能跟读单词。再出错下节课可要给我们表演节目了!"

不知不觉中,我们用这种方式把生词都说了一遍。随着活动的推进,学生们逐渐掌握了套路,说得也越来越熟练,于是我们进入生词讲解环节。

"同学们,现在我们来讲解生词。"我说道。

"语言。"

"语言。"学生跟读。

"语言是什么意思?"我问道。

"Language!"学生回答。

"很好,那你们会说什么语言?"我说道。

"英语、汉语、Pakistani。"学生回答。

"那汉语和英语是相同的语言吗?"我问道。

"不相同。"学生回答。

"好,那谁可以用'汉语、英语、不同、语言'说一个句子呢?"

"汉语和英语不同语言。""汉语、英语是不同语言。""汉语和英语是不同语言。"学生们纷纷说道。

"说得很好,很接近正确答案了。我们可以说,汉语和英语是不同的语言。"我说道。

"汉语和英语是不同的语言。"学生重复。

"非常棒。现在我们来看下一个生词。"我说道。

"大学。"学生纷纷说道。

"大学是什么意思?"

"University!"学生回答。

"非常好。那谁能用'大学'这个生词造句?"

"我上大学。""我在北京语言大学。"学生们说道。

"很好,我听见大家说了一所学校——北京语言大学。这是我们课文里的,那你们在哪所学校上学呢?"我问道。

"华北理工大学。"学生们回答。

"很好啊,那现在老师再问一遍,你们说出完整的句子,好不好?"我说道。

"好!"学生们回答。

"你在哪儿上学?"

"我在华北理工大学上学。"

按照这样的形式,很快就讲完了名词部分,紧接着开始讲动词部分。

"同学们,现在我们来看一看本节课的动词有哪些?"我问道。

学生们纷纷说道:"觉得、听、读、写。"

"很好,我们先来看'觉得','觉得'这个生词是什么意思?"

学生回答:"to feel, to think。"

"那你们可以用这个生词说一个句子吗?"我说道。

"你觉得我的汉语怎么样?"一个学生说道。

"这个同学说得很好,我觉得你的汉语说得很好。"我回答,随即又问道,"你们觉得今天的天气怎么样?"

"我觉得今天的天气好。""我觉得今天的天气很热。"学生们纷纷回答道。

"很好,这就是'觉得'这个生词的用法。你觉得你学会了吗?"我问道。

"我觉得我学会了。"学生们回答。

就这样我带着学生将本节课的17个生词都学习了一遍,一看时间,生词讲解已经用了半个多小时,学生也开始倦怠了。于是,我对他们说:"现在咱们再做一个活动,老师升级了活动难度,你们敢挑战吗?"学生纷纷表示愿意,于是我们进入下一个生词练习环节——"是谁不见了"。

我先展示了PPT上的四张图片——听、读、写、给,并带着学生们认读了一遍。然后,让学生闭上双眼。"现在老师要变一个魔术,等你们睁开眼睛时就会发现有一个词消失了。三、二、一,现在请睁开眼睛,告诉老师是谁不见了。"

"听。"大家纷纷说出了消失的词。虽然网络会有延迟,但是能听到每名学生都在积极发言。

"现在请大家继续闭上眼睛,三、二、一,是谁不见了?"我问道。

"读。"学生们纷纷说道。

"三、二、一,是谁不见了?"我问。

"写。"学生们争先恐后地说道。

学生们逐渐进入状态,好胜心也被激发了出来。但是由于网络因素的干扰,学生的回答会有延迟,难以判断出学生是真的记住了消失的词,还是听见其他人说后于是跟读。除此之外,有时候也会出现学生说不出消失的词的情况,这时候我会将消失的词快速闪现一下提醒学生。

经过两轮活动的练习,学生对本节课的生词已经有了一些印象。为了检测他们对生词的掌握情况,也为了加深他们对生词的记忆,我借助腾讯会议的"互动批注"功能用"我说你圈"这个活动来检验学生的学习效果。

"同学们,刚刚的游戏我们都玩得很开心,但是老师想知道你们对生词掌握得怎么样,现在我们来做一个'我说你圈'的活动。老师读生词,你们需要快速地把这个生词圈出来。"我说道。

"好。"学生回答道。

"大学。"我说道。

只见有一个学生快速在屏幕上把"大学"这个词圈了起来,然后其他学生也几乎同时把这个词圈了起来。

"觉得。"我说道。

这时候大部分学生把"觉得"圈了起来,有一名学生刚要把"容易"圈起来,但见到其他人圈"觉得",于是马上"随机应变""见异思迁"了。显然,这种测试方式存在漏洞,学生可以看到彼此的答案,于是我开始随机点名,让学生"单独操作"。

随后,为了强化学生对生词字形的记忆,我依旧采用"互动批注"的方式,让学生练习汉字书写。我首先在PPT上演示,并提示学生注意笔画、笔顺,然后让学生自行在屏幕上书写。因为屏幕在共享,所以无论谁在PPT上写,其他人都能清楚地看到他的书写情况,这种方式可以有效地演示和检查汉字书写情况。从学生的反应来看,他们对这种方式非常喜欢,有时屏幕上还会冒出小小的爱心。

课程在轻松愉快的氛围中接近了尾声,最后一页PPT上有三个奔跑的人,页面上还飘着一句"Bye-bye"。学生们看到后哈哈大笑,愉快地跟我说"Bye-

bye",在欢乐的笑声中,这堂课圆满地结束了。

教学反思

  本案例的教学对象是来自华北理工大学国际教育中心的2020级巴基斯坦留学生,我所讲授的课程是"汉语综合1"。在教授这门课程前,我已经教过一段时间的"汉语综合4",也是利用线上平台直播授课,所以掌握了一些线上授课的经验。这则案例是在总结之前教学经验、思考线上教学方法及汲取他人线上授课得失的前提下开展的教学效果较好的一堂课。

  可能有不少汉语教师面对突如其来的线上教学依然会采取直输式讲解、重复性练习的授课方式,但无论是线上课堂还是线下课堂,无论是成年人、青少年还是儿童,对于课堂上的活动都会特别感兴趣。所以一节有趣的课怎么能少了活动环节呢?在这堂课中,我在生词讲练部分采用了"西蒙说"和"是谁不见了"两个活动,在测试生词环节采用了"我说你圈"这个活动。

  "西蒙说"是一个线下课堂和线上课堂都适用的游戏。因为是一问一答,所以学生的注意力会牢牢地跟着教师走,因为稍不留神就会说错。这个游戏可以让学生集中注意力,在锻炼听力的同时也能帮助他们掌握生词的读音,而且能让所有学生都参与进来,起到活跃课堂气氛的作用。

  "是谁不见了"也是一个同时适用于线上课堂和线下课堂的游戏。在线下课堂中,教师可充分利用卡片展示生词,然后故意抽走一个生词,让学生猜消失的是哪一个生词。这样可以很好地锻炼学生的记忆力,但是教师抽走生词时动作可能较慢,整体展示卡片时也有不便之处,而线上教学利用PPT设置动画展示完美地解决了这一问题。案例中的学生由于刚接触汉语学习不久,汉语水平处于初级阶段,所以我将生词分为四至五个一组,降低了难度。在练习时,我会先带领学生读一遍生词,然后用话语提示,最后引导学生说出消失的生词。值得注意的是,在活动实施过程中,有的同学说得快,有的同学说得慢,这在无形之中增强了学生之间的竞争意识,学生的注意力也会更加集中,从而更容易记住生词。

  "我说你圈"这个游戏利用直播平台的"互动批注"功能,可以测试学生对生词的掌握情况。但是,由于学生可以在屏幕上同时写字,所以会互相看见答案,这样就不利于测试。针对这种情况,教师可以点名进行单独测试。这个活动也可以训练学生的听力,由教师说出生词,然后由学生圈出对应的生词,可以用于考查学生对生词读音掌握的准确度。除此之外,这个活动还可以用于语音练习。传统的语音练习是教师领读、学生跟读,但如果学生听不出差别,便很难读对。采用这种方式,教师可以先带读,等学生熟练发音之后,教师随机朗读任意音节,再由学生圈出,以此来检查学生是否能够准确辨音。综上,这种手脑并用的方式可以很好地抓住学生的注意力,让他们紧跟教师的思路。

教学建议

线上课堂的活动设计要简洁明了,方便学生理解和操作。

线上课堂限制了教师的体态语,教师要充分利用直播平台的辅助教学工具进行讲解和练习。

融入一些趣味性强的游戏进行训练可以吸引学生的注意力,使其更加积极地参与到课堂中来。

专家点评

本案例呈现的是一堂线上汉语词汇教学课,任课教师为了达到良好的教学效果前期做了大量的准备工作,尤其对课堂活动用心进行了设计。纵观陈老师的整个教学过程,其中有几点值得新手教师思考和借鉴。

第一,教师关注到了线上教学的特点,在活动设计中有意识地提高线上教学的趣味性,引导学生积极参与。线上教学的局限性显而易见,包括课堂组织较为困难,许多线下课堂活动很难依托网络开展;师生交流存在一定的障碍,教师在线上教学中对课堂的把控能力及对学生的影响力减弱;受条件限制,线上教学的听说练习相对容易开展,读写训练就较难实施了。教师十分重视这些问题,有针对性地进行课堂活动设计,力求线上教学"扬长避短"。

第二,教师在教学中勤于思考,善于总结,并且具有较强的应变能力。课前,教师通过总结以往的教学经验,结合线上教学的实际,反复打磨课堂活动的种种细节,并对比线上与线下教学的差异,有针对性地调整活动规则;课中,教师能够有效利用教学平台的功能,设计出巧妙的互动方式,并在发现活动漏洞后("我说你圈"学生操作不同步)及时转换思路,保障活动的有效性;课后,教师积极反思,持续挖掘教学平台的互动功能,例如,意识到"互动批注"功能还可以用于生词的书写训练和语音练习等。这些都是教师为了保证教学效果而努力做出的探索和尝试。

第三，教师在教学中积极与学生互动，鼓励他们开口，并在学生回答正确或完成任务时予以及时的反馈。教师在生词讲解和练习过程中多次引导学生开口表达，在得到学生的准确回应后都会给出积极的反馈。可以看出，教师在整个教学过程中一直抱着极大的耐心和热情，始终在努力地激发学生的学习积极性。

教师教学中的这些闪光之处当然值得我们学习，但不得不说，这堂课也存在诸多不容忽视的问题。

首先，教学内容和教学时间安排不太合理。教学内容方面，教师整堂课（90分钟）全部用于生词的讲解和练习，这样做的一个弊端在于容易导致课堂教学内容单调、枯燥，学生很难持续集中注意力。案例中也提到生词讲解到后半段，学生已经提不起精神了，教师在这种情况下引入"是谁不见了"这个活动，似乎更像是为了缓和课堂气氛而采取的"权宜之计"，给人一种"不得已而为之"的感觉。"生词满堂灌"的另一个弊端在于生词讲解太过集中，后续学习课文时学生很可能会忘记前边已经学过的部分生词，导致衔接中断。因此，我们建议教师将课文分成几个讲解段，使课堂教学尽可能内容丰富、形式多样。教学时间安排存在的第一个问题是不同生词的讲练处理没有分配好时间。生词教学不可平均用力，一方面要依据生词学习的难易程度及学生的掌握情况，另一方面还要依据对不同生词的使用要求来"区别对待"。对于表达性词汇（或称"产出性词汇"），要求学生会听、会读、会写、会用，这些生词需要教师花更多的时间和精力讲练，而对于接受性词汇（或称"理解性词汇"），则只要求学生能听懂、能认读即可，这些生词的学习不必占用太多时间。所以，在教学中应做到有主有次，合理分配时间。教学时间安排存在的第二个问题是三个课堂活动占用的时间过多。根据教师给出的教学时间安排，三个活动总用时45分钟，占了整堂课的"半壁江山"，关键是这三个活动本质上并没有太大区别，都是为了训练学生对生词的认读和记忆，活动内容和目的存在较大的相似性，对教学时间造成了浪费，导致最为重要的交际性练习没能实施。

其次，生词讲解的方式方法不够科学。教师在生词讲解中存在的问题主要体现在两个方面。一是讲解方法不太恰当。教师在讲解词义时用到了翻译法，实际上，使用这种方法表面上看是节省时间了，学生似乎也"容易懂"，但从长远来看，使用翻译法既非必要且容易诱发偏误，还不利于学生汉语语感的培养。

例如,在讲解"觉得"一词时,将其与英语中"to feel""to think"的意思等同(当然这可能是受到了教材注释的影响),但众所周知,"觉得"一词的意义和用法与"feel""think"并不完全一致,如果教师没有讲解清楚,那么在后续的学习中学生很容易将"觉得"与"感觉""认为""想"这些词语混淆,会造出"我觉得上课不应该迟到。""你觉得怎么样?还发烧吗?""我认为这次考试太难了。""我感觉老师您今天打扮得很漂亮。""我想出国旅游是很有意思的想法。"等偏误句。因此,我们在教学中要尽量不用或少用学生的母语或媒介语进行讲解,避免埋下隐患,或使学生陷入母语的思维习惯不能自拔。二是讲解重点存在疏漏。词汇教学包含三个层面——语义层面、语法层面、语用层面,学生不仅要掌握词语的音、形、义,还要能够在交际中准确、得体地使用。教师在教学中较为重视词语的音和形,但是对于词的意义和用法关注不够,存在语义讲解不到位、语用展示不充分、语法讲解缺失的情况。

那么,生词可以怎样教呢?我们同样以"觉得"一词为例,在生词展示环节,教师可以通过典型、充足的例句使学生感知"觉得"一词的意思。教材第十二课课文对话中"觉得"一词表示"说话者基于自己已有的经验对某人或某事做出主观评价"(课文原句为"我觉得语法不太难。"),这是"觉得"一词的常用语义表达,也是其常见用法之一,教师可以据此给出相关例句(借助图片或情景),例如,"他觉得中国菜很好吃。""同学们觉得汉语不太难。"等,使学生理解该词词义,并在此基础上采用格式化的方式总结该词的语法搭配,例如"名词(表人)/人称代词+觉得+形容词/小句"。在生词练习环节,可以通过模仿造句、看图说话、师生/生生问答(练习本课"……觉得……怎么样"这一句型)等方式进行训练。在生词应用环节,教师可以通过设置"说一说你眼中的华北理工大学""说一说你眼中的一位同学"等这样的交际活动来训练学生对"觉得"一词的应用能力。例如,请 A 同学"采访"B 同学,A 同学问:"你觉得华北理工大学怎么样?"B 同学可能会说出"我觉得华北理工大学很大。""我觉得华北理工大学很漂亮。"等句子。再如,请 B 同学询问 C 同学:"你觉得 D 同学怎么样?"C 同学可能会产出"我觉得 D 同学很聪明。""我觉得 D 同学很努力。"这样的表达。这种形式的交际活动既练习了本课的重点生词和句式,又能激发学生的表达愿望,活跃课堂气氛,增强互动性。总之,生词讲解和练习应覆盖语义、语法、语用三个层面,不可偏废。此外,教师给出的例句、设置的情景应充分结合日常表达实际,且对学生表达中出现的偏误情况应及时纠正。案例中的某些例句,如"汉语和英语是不同的语言。"不具有交际性,学生说出的某些句子,如"我在北京语言大学。""我觉得今天的天气好。"存在偏误,需要教师提高敏感度并及时予以纠正。

最后,生词练习的活动设计深度不够。前边我们已经提到,陈老师教学中的三个练习活动均是围绕学生的生词认读能力和记忆能力进行训练的,一是存在重复练习的情况,二是这些活动实际上都只是在进行表层能力的训练,即低阶性练习。生词教学不能仅仅关注词的读音和形式,更要重视词的语义、语法搭配、语用情况等。案例中的三个活动既没有考查学生对词义的理解情况,也没有检测他们对词语用法的掌握情况,更没有反映出学生实际的表达水平。建议陈老师对活动进行升级改造,以"我说你圈"这个游戏为例,可以采用竞赛的方式进行,并且提高游戏难度,不仅要求学生快速圈词,还要紧接着用该词造出一个完整、准确的句子,最先完成的学生得分。竞赛既可以个人的形式进行,也可分组进行,结束后将活动成绩计入平时成绩。这种形式既能兼顾词的"用",又能激发学生的竞争意识与活动参与的积极性,一举多得。教学中的机械性操练当然是不可缺少的,但是在操练时一要把握好时间,不可用时太长,二要主次分明,切不可所有的活动都是机械性操练,我们毕竟不能仅从课堂的热闹程度来评估教学效果,尤其是成人教学。

实际上,线上教学(包括混合式教学)可以将诸如生词认读、生词记忆这样的低阶性练习更多地安排在课前预习阶段,例如,教师可以利用智慧教学系统在课前发布相关练习,督促学生完成,并对学生的完成情况进行分析(北京语言大学于2023年2月28日面向全球发布的"国际中文智慧教学系统2.0版"即具备这一功能)。这样做一方面可以使教师在课前了解学生的预习情况,对学情做到心中有数,另一方面也节省了大量课中操练的时间,课上可以把更多的时间和精力投入高阶性练习之中,提高课堂的教学效率。课下也可以继续利用教学系统的相关功能加强交际性的任务训练,使词汇教学冲破课堂的时空局限,在课外得以顺利延续。

思考与讨论

- 对于线上教学来说,PPT至关重要,俨然成了教师的黑板。那么,线上教学的PPT设计应该注意哪些问题呢?
- 对于线上汉语词汇教学,你有更好的教学活动设计思路吗?
- 线上教学的活动设计应该注意哪些问题?

- 面对线上课堂"触不到的学生",除了互动游戏你还有什么吸引学生注意力的方法吗?

一幅地图贯穿的课堂

导读：教授与学习生词对于大多数汉语教师和学生而言，并不是一件困难的事。然而在有限的教学时间里同时教授几十个生词，还要让初级阶段的留学生掌握，无疑需要教师发挥本领，各显神通。王老师在第一堂线上汉语课上，以一幅中国地图为线索，串联自己的亲身经历，让学生在学习生词的同时，历遍我国的壮美河山。这趟生动形象、丰富多彩的旅程会发生怎样的故事呢？我们一起来看看吧。

案例背景

课型：初级汉语综合课。

教学内容：《汉语教程》（第二册下）的第18课"寒假你打算去哪儿旅行"。

教学环境：教师处于目的语环境，教学对象身在巴基斯坦、阿富汗、非洲国家或地区；汉语作为第二语言教学。

教学对象：全班共16人，男生较多，女生较少，年龄在18～25岁，来自巴基斯坦、阿富汗、非洲国家或地区；临床医学专业，大学本科二年级，已经有近一年的汉语学习经历；学生性格内向、安静，课上缺乏主动性与积极性，多处于被动学习状态；少数学生汉语水平较高，大部分学生仍处于初级阶段。

教学语言：主要使用汉语进行教学，必要时使用英语解释。

教学方式：腾讯会议线上平台直播教学。

教材：本次案例课程所用教材是北京语言大学出版社出版的由杨寄洲主编的《汉语教程》（第二册下）。根据教材说明，这本教材适用于第二学年学习汉语的学生。

案例描述

我的第一堂线上汉语课应该算是较为成功的,起码比最开始做出的设想要好得多。我原以为用汉语与学生进行交流会存在许多障碍,但在整节课中,一切迹象都表明学生的基础汉语表达没有什么问题,彼此交流顺畅,为第一节课的顺利开展打下了良好基础。

"寒假你打算去哪儿旅行"这一课内容十分贴近我们的日常生活,且大部分生词都是名词,与地点、旅行、假期等密不可分。词与词之间的连接也较为紧密,可以进行语块式教学,也能够采用"语串"进行学习。

课程刚开始,作为新手教师,我首先进行了简单的自我介绍:"大家好,hello,everyone,我是大家新的中文老师。"短暂的互动中可以感受到学生们对于新教师并没有那么排斥,反而积极、热烈地回应着。其中不乏几名较为活跃的学生,他们的汉语表达很是不错,我想就算他们在中国进行日常生活交际也没有什么问题。

简洁的自我介绍后,我便把互动话题由爱好、兴趣往"旅行"这一主题延伸。"我比较喜欢旅游,大家喜欢旅游吗?嗯,看来大家都很喜欢旅游啊。那大家在中国有去什么地方旅游过呢?老师去过哈尔滨、吉林、大连、山海关、天津、西安、西藏、成都、重庆、北海、三亚……好多地方,你们呢?去过哪里吗?或者,想要去哪里呢?对啦,老师还没有去过云南,这是我下一个想去的地方……"

我借助自己以往的旅游经历和学生们交流他们来中国旅行的过程或是计划。我还在 PPT 中展现出一幅中国地图,打开画笔工具,将更多主导权给予学生,随之出现的各处圆圈便是学生已经去过的地方,或者是他们感兴趣、未来想去的地方。

学生们对中国许多城市的地理位置有了初步印象,而我也大致了解到学生们对于在中国旅行这件事抱有极大的热情,很多学生去过北京(这应该与学校所处的地理位置有关),还有少部分学生去过大连、哈尔滨、重庆等地,有的学生则对云南充满向往。

接着我便直接引入第十八课"寒假你打算去哪儿旅行",趁着学生们的热情不减,先来了两遍生词热身——领读+点读,果然,学生的参与度、互动度都很高。

接下来,我按照词性划分不同的生词并讲解。

先用辣子鸡丁、糖醋鱼、放假、开玩笑等这些学生感兴趣的词语来吸引学生的注意力,事实也证明学生对美食是非常感兴趣的,甚至在课堂上还交流起两道菜的做法。不过,受教学时间与进度的影响,我只是简单介绍了两句,便把学生重新拉回到正轨。

形容词的讲解连带着词组的复习,紧接着是动词的讲解,专有名词与普通名词的讲解则放于最后。

在讲解专有名词时,我又重新带领学生回到地图中,"游览"了长江和长江流经过的各个城市,还了解了赞叹苏杭两地的谚语——上有天堂,下有苏杭,以及重庆的美食和少数民族的风土人情。

后来,我们又"去"了陕西省西安市,见证了这座古城的历史与当代风貌,看到了兵马俑、碑林等。

我们还提到放寒假想去的地方,有的学生说想去哈尔滨和大连。我问他为什么,他说因为天气很冷,可以滑雪、堆雪人。借此,我顺其自然地将本节课出现的新内容作为补充,说道:"你说得没错,冬天的哈尔滨就像一个冰与雪的世界(ice and snow world),那里有冰灯(ice lantern),还有冰雕(ice sculpture 或 ice carving),都非常漂亮!希望你去那儿可以多拍些照片,回来后和我们一起分享。"

到这里,生词的讲解就算告一段落了。我又重新回到那幅中国地图,利用其中出现的地点引导学生复习本节课的内容,并尝试让学生对相应内容进行复述,我则适当补充、修正。

没想到的是,学生们反应异常热烈,争先恐后地跟着我的思路大声朗读和回答问题。看来,这堂生词课为我的线上汉语教学生涯开了一个好头,小小的地图发挥了大大的功效,以后我对给留学生上汉语课更有信心了。

课下,我及时对这节课进行了反思,总体上的顺利完成不代表中间没有磕磕绊绊,比如,英语口语的相关准备并不充分,课堂中引申出有关火锅的具体做法时,我居然一时无从谈起。但是学生们对于我这名新手教师的课堂始终保持着极大的热情和参与度,这让我感到十分欣慰。

教学反思

面对留学生的第一节课,很多新手教师都会不约而同地想到第一个环节——自我介绍。因为通过自我介绍可以消除师生初次见面时的陌生感,尤其是当教师是从中途接手其他教师所带的班级时,自我介绍更具意义。我初次介绍自己实际上起到了在学生脑海中快速树立新教师的形象的作用,并且在互动交流中,还借此了解到了学生真实的汉语水平,为课程的开展奠定了良好的基础。

本堂课教学始终围绕中国地图展开,从头到尾一直有固定的发展主线,课程主题清晰明朗;同时,我还不断根据学生的兴趣拓展延伸,引导学生参与到课堂活动中来,既提高与保持了学生的专注力,也增强了课堂的互动性。

课堂活动指教师为了让学生巩固所学知识或解决某一具体问题而精心设计的由学生展示出来的教学活动。常见的课堂活动形式有提问、表演、辩论、调查、采访、比赛、唱歌、游戏等。课堂活动有效地开展需要教师提前做出细致的规划,比如,思考活动本身是否新颖、活动目标是否切实可行、活动形式是否简单易懂、活动材料是否难易适度、活动时间是否充分等。在本案例中,我所采用的课堂活动多为提问,但并不是极具针对性的提问,而是将课程主题涉及的内容融入交谈中,让学生在放松的状态下顺利完成教学内容。

课堂提问是每堂课师生互动必不可少的环节。正所谓"学起于思,思源于疑",好的课堂提问可以促进学生思考,启发学生认知,提高他们的参与积极性。

教师的课堂提问内容大致可以分为四类:事实型问题(什么?哪里?)、推理型问题(怎么样?为什么?)、开放型问题(不需要任何推理的问题)和社交型问题(通过控制和要求来影响学生的问题)。这四类问题的难易程度各不相同,教师可在提问顺序上做一些文章。由于在进行课堂预热时,教师便可初步了解每名学生的汉语水平,因此在之后的提问中,便可有意设计提问顺序,把相对容易的问题给到汉语水平较低的学生,把相对较难的问题留给汉语水平较高的学生,按照由易到难的顺序进行提问,学生对教授内容的理解也会逐步深入。

教师在备课时需要提前考虑提问的内容、方式,使提问做到有的放矢,达到使学生深入理解课程所学内容、科学操练新知识的目的。课堂提问既是一种预设性的活动,又是一种即时性的活动,其即时性表现在对学生的引导上,比如,提问可以从"是什么"开始,然后按照学生的回答情况进一步追问"怎么样""为什么"。我在教学中便遵循了这一顺序和规律,在讲解相关生词时,由事实型问题逐步过渡到开放型问题,并采取进一步追问的方式对相关内容进行了扩展、延伸。

教学建议

突出课堂重点,掌控课堂节奏。

在课堂上,教师可以设置一些有趣的课堂游戏,激发学生的参与欲望,进而增强课堂互动效果;也可以设置一些答题竞赛,并设置比分和奖励制度,让学生在玩中学、在学中玩;还可以开展一些讲故事或角色表演等活动,如本案例便借助课文内容与中国地图,请一名学生作为导游来讲解自己熟悉的中国城市,另一名学生作为游客来进行提问与欣赏。

专家点评

与之前的案例恰恰相反,本案例中的汉语教师在正式授课前对形势预估得比实际情况更严峻些,对学生的汉语水平信心不高,结果真正实际授课的第一堂课却取得了很好的效果。教师讲解的内容学生都听得懂,学生反馈也相当积极,课堂气氛十分活跃,整堂课的教学任务都很好地完成了。

归根结底,此案例中教师获得成功的因素有以下几点。

一、课前备课没有掉以轻心,准备较充分

案例中的教师在课前准备时并没有犯"想当然"的错误,备课时将学生的水平估计得很准确,在上课一开始就收到了很好的反馈。学生有反馈、有互动,比教师预想的要好,给教师带来了信心,也带来了良好的连带效应,后面越讲越顺,教学内容的引入、新词的讲解、语法点的讲练、课文的重难点的分析、教学内容的复述等各个步骤时间分配合理、节奏和谐。教学内容和步骤都精心策划,教师态度亲切、热情且幽默风趣。整体上虽有些许小瑕疵,但是瑕不掩瑜,这是一堂很成功的国际中文线上课堂。

二、教师的课堂用语保持了对学生有意义的输入,与大部分学生的汉语水平相符

刚刚开始教学的教师,课堂用语都有一个较为普遍的问题,就是"降不下

去"——课堂用语偏难。教了一段时间之后又常有一个问题,那就是"提不上来"——即使面对中高级汉语水平的学生,也习惯采用非常简单的话语与学生交际,不利于学生语言能力的提高。教师的话语如何把握好"难易度",需要教师在实践中逐步体会。

实际上,教师的课堂用语是学生语言输入的重要来源,能够为学生使用中文提供真实的范例。当教学对象为初级水平的汉语学习者时,国际汉语教师的课堂用语具有这样的特点:一是语速慢,停顿也多;二是教师尽量使用简单的词汇和句子;三是有时候教师会采用重复、释义、迂回的办法,目的就是让学生理解,使用语成为可理解的输入。

案例中教师的教学内容安排由浅入深、由易到难,体现了循序渐进的原则,并且在知识点讲解上,特别注意在学生感兴趣的话题中保持语法点、句型及重要词语的覆盖、重现和循环,这也是此案例成功的具体表现之一。

三、教师遵守趣味性原则,话题的引入很巧妙,抓住了学生的注意力,引发了学生的兴趣

教师在组织课堂教学时,依据的是教材内容及备课教案,这样才能有计划、有步骤地完成教学任务。但教师在课堂教学中不能照本宣科,不能拘泥于教材内容及教案,应根据各方面实际情况,适当增补教学材料,采用灵活多变的教学方式。课堂教学内容要结合实用性、考虑趣味性,教师准备的材料要反映学生的现实生活内容,同时应契合学生关于中国想了解的兴奋点。案例中教师由一幅中国地图引入教学内容,将学生去过的旅游地标注在地图上,将学生计划要去的地方也标注了上去,又讲解了学生非常关心的中国各地美食,学生十分感兴趣,整节课气氛非常好。

另外,课堂中教师准备的教学内容与形式要多样;课件版式、装潢、插图、颜色要丰富、和谐、生动而富于美感。案例中教师结合地图、图片、视频,将学生们身临其境地"带"到了哈尔滨、苏州、西安,看到了哈尔滨的冰天雪地、苏州的魅力景色、西安的兵马俑,畅游了长江,整堂课生动且吸引人,始终紧抓学生的兴趣点与注意力。

四、自始至终都以学生为中心,教师的角色是引导者,在教师的指导下充分发挥学生的主动性和积极性

教师通过讲解和提问给学生以刺激,学生做出反应。教师创造生动活泼的课堂气氛,集中学生的注意力,自始至终驾驭课堂。案例中教师围绕地图,通过提问引导学生沿着课文主线学习知识,拓展思路,提高能力。教师的问题对于学生来说比较有趣,具有一定的挑战性,大部分学生都能参与到活动之中,而不是集中在少数几个成绩比较突出、自信、知识面比较广的学生身上。

五、遵循汉语作为第二语言教学的两大原则——实用性与交际性原则

不管是什么语言的第二语言教学,最终目的都是要提高学生使用该种语言交际的能力。因此,国际汉语课堂当然要尽量满足学生的交际需要,练习也要助力于提高交际能力。案例中教师选择的语言材料真实且自然,实用性很强,结合学生们的实际,练习也很充分,练习形式多样,教学进度安排合理。关于中国旅行,学生们乐于与大家分享自己的旅行经历,也打算将来去自己感兴趣的城市。这堂课学到的知识既实用又有意思,交际性很强。

六、生词的展示、讲解注重技巧,采用了词类法、相关排列法

一般来说,生词表中的生词都是按其在课文中出现的先后顺序排列的。为了使课堂教学的各个环节紧凑、有序地衔接,教师应该根据教学方法的需要,对生词表中生词的次序加以调整或重新排列,然后再按照重新排列的顺序进行听写、认读、讲解等教学活动。案例中教师主要采用了两种生词展示方法:词类法和相关排列法。

词类法是把课文中的生词按照名词、动词、形容词、介词、副词等不同的词性归类排列。这种排列方法从词的语法功能出发,便于教师根据不同词性的特点进行词语搭配的练习,并有利于学生建立和巩固关于汉语词类的概念。案例中教师先讲解词组,然后是形容词的讲解,紧接着是动词的讲解,而专有名词与普通名词的讲解则放于最后。

相关排列法即教师根据词与词之间意义的相关性,对生词表中的生词进行排列组合。相关排列法的着眼点在于帮助学生记忆,它可以帮助学生把孤立的、彼此毫不相关的生词组织成有机的、相互联系的语言材料存入大脑。比如,案例中教师以地图为纲,将生词的相关性生动展示于地图上,围绕"西安",教师引导学生学习了"兵马俑""碑林";围绕"哈尔滨",教师引导学生学习了"冰雪大世界""冰灯""冰雕"等。

七、及时复习、及时巩固、及时复现

案例中在生词讲解结束后,教师又重新回到那幅中国地图,利用其中出现的地点引导学生复习本节课的内容,并让学生尝试对相应内容进行复述,教师给予适当补充、修正。整堂课结构完整,在新内容讲解结束后,学生能在教师的引导下及时复习,对所学生词复现,再次巩固了学习效果。学生反应非常热烈,很乐意跟着教师朗读与回答问题。

八、课堂主题明确,自始至终紧抓重点

由于课堂教学是动态的,它以学生为中心开展教学活动,因此,课堂教学不可能一切按教师事先所设计的运行,教师对教学过程的构想设计很容易因为某个教学环节的突然变化而失去作用。教师在课堂教学中必须有较强的紧扣主题的意识,才能保证教学进度的正常运行。案例中教师为了提升学生的学习兴趣,首先用"辣子鸡丁""糖醋鱼""放假""开玩笑"等词语来吸引其注意力,学生反应热烈,甚至在课堂上还交流起了两道菜的做法。教师出于教学时间与进度的考虑,及时把学生重新拉回到正轨,这绝对是正确的做法,要不然整节课的大部分时间都会变成"中华美食烹调经验交流会"了。

此案例亮点很多,绝对不止上面八点。事实证明,良好的师生互动、紧凑的教学节奏、活跃的课堂气氛都有助于提高汉语教师的自信心与认同感。教学相长,在实践教学中,新手教师能够从经验中学到更多理论中学不到的东西,可见实践教学是新手教师提高能力的一大重要环节。课后,本案例中的教师也并没有停留在沾沾自喜上,而是很严谨地总结了本堂课的不足,包括中介语使用得不熟练、背景材料准备有缺漏等,但总体上说,瑕不掩瑜,这是一次成功的线上课堂教学案例。

思考与讨论

• 生词讲解过程中,需要划分词性并分别集中讲解吗?如果划分词性进行讲解,你认为应当孰先孰后?如果不划分词性,你会采用怎样的方式方便学生更好地理解生词呢?

• 除了案例中教师利用一幅地图进行生词教学的方式外,在线上汉语课堂中,为尽可能避免传统课堂中单一、机械的朗读练习,你还有哪些好方法能够帮助教师讲好生词,调动学生参与呢?

学生拍手称赞中国民族乐器太迷人

导读:俗话说:"语言、文化不分家。"教师在国际汉语教学中除了注重教授语言知识与技能外,也应当注重中华文化的传播。由于初级阶段的学生汉语水平有限,单纯的文化教学存在一定难度,因此没有设置专门的文化课程。在熊老师的第二次线上汉语课上,其所要讲授的内容恰好与成语故事有关,借此机会,教师为学生们展示了中国几种具有代表性的乐器,学生们的反应如何?多媒体视频资源又给课堂带来了怎样的效果?让我们一起来看看吧。

案例背景

课型:汉语综合课。

教学内容:《汉语教程》(第三册上)的第七课"成语故事"。

教学环境:教师处于目的语环境,教学对象身在巴基斯坦、非洲国家或地区;汉语作为第二语言教学。

教学对象:全班共26人,男生较多,女生较少,主要来自巴基斯坦、非洲国家或地区;临床医学专业,大学本科三年级,已经有近两年的汉语学习经历;学生性格内向、安静,课上缺乏主动性与积极性,多处于被动学习状态;大部分学生汉语基础薄弱,汉语水平仍处于初级阶段。

教学方式:腾讯会议线上平台直播教学。

教学语言:主要使用汉语授课,必要时使用英语加以辅助。

教材:本次案例课程所用教材是北京语言大学出版社出版的由杨寄洲主编的《汉语教程》(第三册上)。根据教材说明,这本教材适用于第三学年学习汉语的学生,符合本次教学对象的汉语水平。

案例描述

很快,一周过后便迎来了我的第二次线上汉语课,吸取第一次课的经验与教训,这次课我做足了准备。

教材第七课讲述了两个经典成语故事,一个是"滥竽充数",另一个是"自相矛盾"。在"滥竽充数"这个成语中提到了中国的传统乐器——竽。实习指导教师以前提到,班级中很多学生都对中国的传统文化很感兴趣,因此,我以中国的传统乐器为切入点,设计了本次课的教学内容,也借此向学生弘扬中华传统文化。

这节课的主要教学内容是课文,上节课我已经带领学生学习了本课的生词,于是在讲授新内容前,我先出示了上节课所讲的生词,并询问学生有没有人愿意尝试朗读。这时,一位叫 Miwilla 的非洲学生开口表示她愿意,我很开心,并鼓励她大胆朗读。令我惊喜的是,她的中文水平很不错,发音、声调都很标准。我大声地表扬了她:"Miwilla,你读得很流利,you read fluently,你表现得很棒,you did a great job!"听到我的表扬,她十分开心地用中文对我表示了感谢。

也许是受到 Miwilla 同学的激励,另一名男同学 Nori 也打开麦克风和我说:"老师,我想试一试。"我对学生们的积极表现感到开心,也对学生们的朗读过程及结果非常满意,因为朗读证实了大多数学生对生词掌握得已然很好。在 Nori 完成后,我很高兴地表扬了 Nori,对他说:"Your pronunciation is great! 你的发音真的很棒!"他很惊喜,连忙对我说谢谢。有了学生们的互动,课堂的沉默一下子便被打破了。我想,这真是一个不错的开端。

第一个成语故事是"滥竽充数",在讲解该课文题目时,由于大部分留学生不知道什么是竽,我便向他们展示了一张竽的图片(图1),并为学生们介绍这就是中国的传统乐器——竽,a Chinese traditional instrument,人们可以用吹的方式去演奏它,people play it by blowing,顺便还复习了上次课学的生词"吹"。

接着,我播放了一段南郭先生吹竽的动画,学生们从中直观感受到了竽这种乐器的演奏方式。马上就有学生和我说:"老师,这个好神奇! It's amazing!"我借机向学生们宣传道:"是的,没错,中国还有很多有意思的乐器,我们接下来还会看到。"

下面,我便借助动画引出了今天的课文,向学生们抛出了关键问题:"看!大家都在吹竽,南郭先生为什么混在乐队中假装会吹竽呢?我们来看看今天的

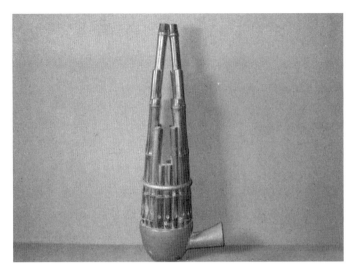

图 1　竽

这个故事吧。"

课程进行得很顺利,学生们表现得也非常认真,很多学生都在课上积极地回答我提出的问题。

了解到这个班级中有很多学生对中国传统音乐很感兴趣,而中国传统音乐又是光辉灿烂的中华文化的一个重要组成部分,以其多姿多彩的品种与内涵丰富的体系闻名于世。这一课刚好讲到了中国的传统乐器竽,于是我顺势又介绍了具有中国民族特色的吹奏乐器——笛(图2)。

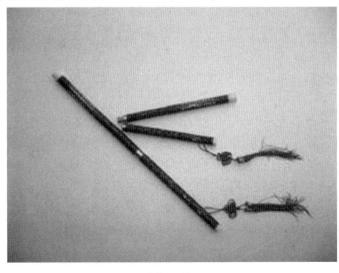

图 2　笛

通过课件，我首先向学生们展现了笛的样貌，并告诉大家笛和竽一样，都是用吹的方式来演奏。这时，一名从没有回答过问题的学生打开麦克风对我说："老师，我见过这个！"我非常高兴地和他进行交流："笛和竽一样，吹出来的声音很好听，it makes a nice sound。"

为了让学生们身临其境地感受笛子吹奏出来的美妙音乐，我点击播放了我国著名音乐家演奏的竹笛曲目《鹧鸪飞》。优美的笛声瞬间吸引了所有人的注意力，不得不感叹，竹笛吹奏出来的音色宛如天籁，让人置身于音乐的海洋，优美、动听的笛声时而低回、时而高亢，时而激荡、时而悠扬，短短的三分钟便为我们奉上了音乐盛宴。此时，音乐已戛然而止，然而，我的耳畔还萦绕着那宛转悠扬的笛声。

这时一名学生对我说："老师，中国的乐器太神奇了。"我回答道："是的，中国的乐器有很多种，它们都有自己的特点，笛只是其中之一。古时候中国有很多诗人创作了很多关于笛的诗句。In ancient times, many poets wrote many poems about flute, like'羌笛何须怨杨柳，春风不度玉门关'。"

听完我的介绍，他又和我探讨起了中国的传统乐器："老师，中国还有什么乐器，可以跟我们说说吗？"我听后为之一振，没想到我播放的视频和音乐居然有这么大的反响，也没想到学生们对中国的传统乐器会如此大的兴趣。

这时，Yassir 同学和我说："老师，我见过琴。"我突然意识到，原来学生对中国的乐器也是有所了解的。于是，我又用英语简单介绍了古琴的历史。It is a traditional Chinese plucked string instrument with a history of more than 3 000 years. 它已经被列入世界非物质文化遗产（Intangible Cultural Heritage of the world）。

下课时间到了，我不得不终止了乐器这一话题，听学生们的反应，似乎有些意犹未尽。我不想打消这份难能可贵的热情，于是为他们留下了美好的期许，表示："如果下次课大家表现得好，我们可以继续聊一聊中国的传统乐器，大家也可以向老师介绍介绍你们国家的乐器。"

话音刚落，计算机那头像晴天霹雳一样响起一片欢呼声。在学生们热闹的欢呼声中，我在屏幕前也露出了欣慰的笑容。今天这堂课加入了中国传统文化的内容，颇有成效，类似这样的文化拓展与语言知识的互通，可以在以后的课堂上多加设计与利用。

教学反思

语言的学习与文化的学习是相关联的,学习者对目的语文化的理解程度会影响学习者对目的语的学习。文化与语言二者如影相随,因此文化的学习也要讲究循序渐进,区分层次与阶段。

在讲解成语故事"滥竽充数"中的"竽"一词时,大部分学生在此之前并没有见过竽,也并不了解什么是竽。我先为学生们出示了"竽"的图片,以此来吸引他们的注意力。学生们对从未见过的乐器产生了强烈的好奇心,而在好奇心的驱使下,对相应知识与文化的进一步了解便顺其自然地发生了。

竽是中国一种传统乐器,为了让学生们对其有一个更为形象、生动的认知,多媒体视频资源便发挥出了无可替代的作用。在课堂上,我通过播放动画,带领学生们回到了竽这一乐器诞生的年代,同时,了解了竽的发展历程与古人演奏竽的方式等,而这些也帮助了学生们更好地理解课文内容。

在竽的介绍中我还引出了中国其他的古典乐器,同样利用视频的方式带领学生切实感受了不同乐器的独特魅力。这样的讲授方式提高了学生课堂学习的趣味性,让学生对中华传统文化有了更加广泛的了解,能够有效提高其跨文化交际意识,培养学生对中华文化的尊重、喜爱与认可,反过来又促进了学生的语言学习。

由此可见,多媒体辅助教学是时代所需,教师在进行文化教学时要适当借助课件、影视作品等多媒体资源,让中华文化输出发挥"接地气"的优势,更好地补充国际汉语文化教学资源的不足。

教学建议

传统课堂中的汉语教学具有丰富的互动形式,包括师生互动、生生互动、学生与实物互动等。教学活动充满趣味性,学生能够与教师直接接触,全方位地感知教师的神态、动作,实现多感官切实体会语言刺激。在线上教学中,由于生生互动实施不便,学生缺乏真实的情感体验,课堂容易陷入僵局,因此,教师可以根据授课内容选择具有针对性的多媒体教学资源,活跃课堂氛围,吸引学生的注意力。

把握课堂整体节奏,切忌颠倒主次。多媒体资源作为增添课堂趣味性的"调味剂",能够帮助学生深入理解课文。但是教师在利用时,需选择合适的时间并进行合理把控,如在课间休息或是在全部课程内容已完成教学还有空余时间时来播放,这样既不会耽误课程进度,又能吸引学生的兴趣,一举两得。

在学生做出回答后,教师应当给予学生鼓励和表扬。表扬并非盲目地片面进行,而是要具体落实。要告诉学生为什么受到表扬,他值得表扬的地方在哪里。例如,在学生朗读词语后,可以说"你的发音很好""你的声调读得很准确"等,让学生感受到自己确实在这方面很优秀,增加自信心,进一步激发其回答问题的勇气。

专家点评

一、文化与语言教学的融入

语言教学离不开文化教学,文化教学是语言教学中不可或缺的一部分。在语言教学中植入中华优秀传统文化,有助于激发学生的学习兴趣,有助于培养学生的跨文化交际能力,更有助于提升中华文化的软实力和促进其海外传播。

中华优秀传统文化融入语言教学时,应遵循以下几个原则:

(一) 以需求为导向

要根据学生对中华优秀传统文化的实际需求及与教学内容的相关度,结合学生实际语言水平对教学内容进行合理安排。中华优秀传统文化的导入应该根据学生实际的汉语水平"低吟高唱"。初级阶段主要是培养学生初步的听、说、读、写能力,满足学生日常生活、学习和一般交际的需要。因此在遵循结构、功能、文化相结合的总原则下,以培养语言技能为主,以功能为目的,对于隐含于语言形式之中的中华优秀传统文化应点到为止,使学生掌握词语的文化内涵和培养对中华文化的兴趣,将文化教学融于语言教学之中。熊老师的课堂将"竽"作为切入点,引出对成语故事的讲解。课堂中并未大讲特讲文化知识,而是在课间休息时向留学生们展示了一些中国传统乐器的图片及其相关的古诗词。此法可借鉴,也可将这些内容做成小视频发布到教学平台上,这样学生可以利用碎片化的时间进行观看学习。随着汉语水平的不断提高,中高级阶段的学生对文化背景知识的需求也会增加,不仅要了解各种文化之间的差异、探讨文化之间的共同点,而且还要对所学第二语言的文化有一个整体把握。

(二) 以学生为中心

不能填鸭式地满堂灌各种文化知识,应该充分发挥学生的主动性、积极性和创造性,以学生为中心,以教师为辅,教师在整个教学过程中起组织者、指导者、帮助者和促进者的作用。

(三) 以文化体验为主体

要让学生参与到教学中,尽可能让学生参加接近真实情境的模拟活动。比如在"把"字句教学中融入太极拳,教师在演示太极拳和引导学生说出含有"把"字句的目标句时,就可以邀请学生跟着教师一起打太极拳,边打边说,既能掌握"把"字句的句法、语义、语用知识,又能获得跨文化交际体验,课堂氛围也很活跃。

(四) 以文化对比为手段

通过中华优秀传统文化与留学生本民族文化的对比,让留学生超越本民族文化和中华优秀传统文化,以第三方的身份审视这两种文化,实现跨文化交际能力的培养。该案例中熊老师也打算将不同国家乐器的介绍与对比安排在下次课程的教学内容中。

二、国际中文教学中的课程思政元素

中华优秀传统文化是立德树人的根基,是国际中文课程思政元素之一。
2020年5月教育部印发的《高等学校课程思政建设指导纲要》中明确指出:"将课程思政融入课堂教学建设全过程。"课程思政是帮助留学生快速融入中国,实现留学生对中国的认同,培养留学生的人文素养和知华、友华、亲华的情怀、成为民心相通和中外友谊使者的重要途径。

在国际中文教学实践中,为促进知识传授、能力培养与价值引领的有机统一,深挖教学中的思政元素,致力于形成三大模块。

模块一是中华优秀传统文化,即中国的古代哲学思想、中国传统节日、中国古代文学等。挖掘中华文化之底蕴,让留学生认识中国悠久的历史、灿烂的古代文明,感受到这些文化蕴藏的中国智慧、具有的中国特色、体现的中国精神。

比如,结合生词的辨析,讲好中国古代哲学思想。在辨析生词"十分"与"非常"时,将中国孝道的传承融入其中(例句:"枕头和席子十分凉快""被子变得非常非常温暖")。学生不但掌握了"十分"与"非常"的区别,"非常"可重叠,"十分"不能重叠,而且还了解到黄香在夏天给父母的帐子扇扇子,让枕头和席子十分凉快,使蚊虫避开;到了寒冷的冬天,就用自己的身体让父母的被子变得非常非常温暖,好让父母睡起来暖和。通过讲解,让学生体悟"百善孝为先"的哲思,引导学生用博大的胸怀去爱父母、孝敬父母,对父母有敬爱之心。再比如在讲解可能补语时,将中华优秀传统美德之好学融入其中。例句:"上不起学""买不起书""用不起灯"。学生借此明晰可能补语的句型之一是"V+得/不+起",常常用否定形式,而肯定形式主要用来回答可能补语的提问,表示不太肯定的推测。同时可以了解西汉匡衡为了读书替别人打工,在夜晚凿穿墙壁引邻舍之烛光读书,这样的态度及努力、刻苦好学的品质使匡衡日后成为大学者。通过讲解,让学生领悟到有心人会为自己创造前进的机会,艰辛只是一时的体验,而经历过这些艰难后所收获的知识才是人生宝贵而长久的财富,进而引导学生刻苦学习、学有所成。

这样将中华优秀传统文化与语言教学相融合,以知识点为载体,借助中华优秀传统文化,适时融入德育元素,立德树人,浑然天成,达到"一调动、一打开、一滋养"的目的。一调动即极大地调动了留学生学习汉语的兴趣;一打开即使留学生接受并喜欢中华优秀传统文化,充分感受其魅力,打开学习、了解中华文化的大门;一滋养即让中华文化滋养留学生的身心,寓德于教,随风潜入夜、润物细无声地提高留学生的人文素养。

模块二是当代中国,即当代中国的国情、中国故事、中国力量、中国精神、中国体育、中国科技等。通过国际中文教育让留学生认识一个立体多彩的中国,对中国有一个全面、客观的认识,更好地了解中国。比如结合固定格式的讲解,讲好中国国情。在讲解固定格式"越来越"时,将改革开放四十多年来中国的巨变融入其中,如"支付方式越来越多""支付方式越来越方便""马路越来越宽""风景越来越美"等。让学生掌握表示变化的表达"越来越"的句型为"越来越+形容词/心理动词",形容词前不能加程度副词,语义特点是随着时间的推移,程度越来越高。同时了解了中国在出行、住房、交通、支付方式等方面的变化及"一带一路"倡议提出以来中国的变化。这样,既打开了学生了解中国的窗户,又激发了学生对中国的热爱。

模块三是社会主义核心价值观。社会主义核心价值观是立德树人的必由之路,是育人之本。将社会主义核心价值观融入教学之中,使学生体会、感悟,培养通晓并认同中华文化的知华、友华、亲华的国际人士。

思考与讨论

- 留学生学习汉语的趣味性都来自哪里?
- 该案例中的教师还可以采取什么方式让学生来了解中华文化?

我喜欢参与线上课堂互动

导读：与线下课堂不同，线上汉语教学中学生通过网络虚拟世界的创建与共享出现在屏幕上。在这样的情境下，教师该如何与屏幕前的学生互动？又该如何有效地掌控课堂呢？下面我们一起走进罗老师的线上汉语课堂，去看一看学生们的课堂互动情况如何，教师又采取了哪些措施来提高学生们的参与度，这些措施又有怎样的教学效果。

案例背景

课型：汉语综合课。

教学内容：《HSK标准教程1》的第九课"你儿子在哪儿工作"。

教学对象：佩奇孔院汉语兴趣班学生，本科，初级汉语水平。

教学方式：Microsoft Teams 线上平台直播教学。

教材：本次案例课程所用教材是北京语言大学出版社出版的由姜丽萍主编的《HSK标准教程1》。

在参加匈牙利佩奇大学线上汉语直播教学实践一段时间后，我发现远程线上直播教学虽然具有超越时空限制、充分利用网络资源等优点，但在互动交流方面，没有传统线下课堂那么及时、高效。教师身处中国国内，而教学对象身处匈牙利，师生远隔千里，只能通过网络透过屏幕进行线上交流。在线上汉语课堂中，由于大多数学生性格腼腆，再加上对自己的汉语水平不自信，往往比较排斥打开摄像头，只有在必要的情况下，才打开麦克风回答问题。因此，教师不能准确感知到学生动作、神情的变化。

在我的课堂上，我曾多次鼓励学生们打开摄像头，积极参与课堂互动，但是收效甚微。长此以往，课堂的互动性难以强化，师生、生生之间的情感也难以升温。课程结束后,师生退出平台,相互之间的黏性更弱。如果不采取适当的改善措施,线上汉语课堂很容易变成教师的"一言堂",课堂气氛也会十分沉闷,实际上,这非常不利于激发学习者的学习兴趣和提高汉语水平。

案例描述

"线上汉语课堂中的活动很棒,我喜欢参与课堂互动。"当看到学生们对线上汉语课堂的评价,我会心一笑,感动之余,心中满满的成就感。

我所使用的线上平台 Microsoft Teams 是一款智能团队协作工具,能够提供语音、视频会议等即时通信功能。通过一段时间的线上教学实践我意识到,线上平台 Microsoft Teams 的各项通信功能虽然比较实用、高效,但是它并不是一个专门针对线上教学的专用型平台,其教学功能单一,不能完全满足线上汉语教学高效率、多样化的需求。比如,Microsoft Teams 平台没有"签到"功能,教师每次都要人工记录学生的出勤情况,费时费力;没有"提交作业与反馈"的功能,学生只能发送邮件提交作业,教师也只能通过回复邮件来批改、反馈作业情况,实际操作很麻烦,工作效率也不高。同时,教师作为会议发起者不能录制屏幕,只能请参会的学生辅助录制,处于一种很被动的状态。

因此,在线上汉语教学过程中,提高学生的互动性、开发平台的教学功能是亟待解决的问题。通过查阅文献资料,以及主动与线上教学的同事交流探讨,我大胆创新,尝试开发了 Microsoft Teams 平台的多样化教学功能,同时将交互式教学法运用于匈牙利佩奇孔院的线上汉语课堂中,最大化实现了学生线上的交流互动。

我们即将学习的是系列教材《HSK 标准教程 1》的第九课"你儿子在哪儿工作",围绕教学内容和教学目标等,我提前在线上平台布置了预习任务,发布话题"请谈一谈你们最喜欢的工作",并在帖子下面用中英文示例:"我最喜欢的工作是老师。老师在学校工作,能和可爱的学生们一起学习,一起生活。My favorite job is a teacher. The teacher works in the school. And they can study and live with the lovely students. "(图1)以此来激发学生们的主观能动性。学生们在预习第九课内容之后,按照我给出的示例,在帖子下面参与互动,谈论自己喜欢的职业及原因。例如,苏菲同学最喜欢的工作是心理学家,黛尔最喜欢的工作是秘书,凯特琳最喜欢的工作是翻译。为了方便学生们预习,我还会发帖分享好用的中文学习网站,学生们也会积极回应,同时也会跟帖,分享优质的中文学习资源。

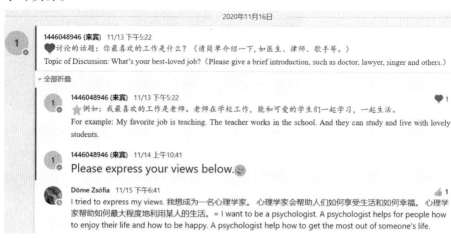

图 1　帖子截图

正式上课那天,我将相关工作的图片放在 PPT 中,请学生们猜一猜都是谁最喜欢的工作。学生们表现积极,纷纷打开麦克风抢答,课堂气氛一下子就活跃起来。为了提高学生们的课堂互动性,我还引入了积分表,记录学生们的课堂表现,算作平时成绩。

语音教学环节,为了提高学生的参与度,我设置了趣味小游戏"你点我读"(图2)。学生们两人一组,将鼠标授权给其中一名学生,学生便可随机点击拼音或形象化的图片,由另一名成员大声朗读出来。在此过程中,我只负责组织引导和适当纠错,同时记录每一个小组在 30 秒内正确读出的拼音数量,并核算小组积分(一个小题积一分),最后算作平时成绩。

在汉字教学环节,我发现学生很喜欢写汉字,为了鼓励他们主动开启摄像头,我引导大家勇于在镜头前展示书写成果,并借机与学生沟通交流,慢慢地,学生接受并敢于在镜头前露面了。久而久之,有些学生愿意全程开启摄像头。

在词汇讲解完成后,我利用 Flash 动画技术制作了"青蛙过河"(图3)的游戏,请学生们接力读出生词"小猫、狗、在那儿、椅子、下面、哪儿、医院、医生、儿子"等。每读出一个生词,青蛙往前跳一步,最后帮助青蛙顺利达到河对岸。组内成员可以互相帮助。在游戏结束后,我分别计算了每个小组的总得分(一个生词记一分),最后算作平时成绩。

在课文讲解环节,我根据对话内容创设情景,请学生们进行角色扮演。学生们配合默契,在团结协作中获得知识,增进感情。比如,我根据课文内容"表述小猫和小狗的位置"打造了线上家庭场景,展示出一幅家庭场景的图片,"伯

159

图2 "你点我读"

图3 "青蛙过河"

耐特"和"爱思特"在家里玩,他们在寻找小猫和小狗,请小组成员"伯耐特"和"爱思特"运用所学知识为大家展开角色表演。

这一过程中,我引导"伯耐特"提问:"小猫在哪儿?小狗在哪儿?""爱思特"回答:"小猫在那儿。小狗在椅子下面。"(图4)在学生们角色扮演的过程中,我适时、适当地点拨每一个小组成员的具体表现,多引导、多鼓励,让学生们在交流的过程中,身临其境地感受不同角色语言表达的趣味性。

当第九课的课程将要结束之时,我给学生们布置了一项任务——介绍你的家庭成员的工作情况。请学生们借助多方学习资源,提前做好课堂展示的准备

课文 Text 1

图4 角色扮演对话

工作,并表示在下次课堂活动环节,我会邀请并授权每个小组的代表,与大家共享屏幕,一边展示 PPT,一边用中文介绍自己家庭成员的工作情况,每人3分钟。

果然,在下次课上,苏菲同学便制作了精美的 PPT,向大家介绍了她的家庭成员情况:"我们家有四口人。我的妈妈是家庭主妇,她在家工作;我的爸爸是一名工程师,他做文书工作并组织项目;我的哥哥是酒店接待员,他的英文说得很好。"

在个人展示结束后,我还请与发言学生同组的成员黛尔,根据苏菲同学的陈述回答几个问题,比如:苏菲家里有几口人?苏菲的妈妈在哪儿工作?苏菲爸爸的工作是什么?苏菲的哥哥在哪儿工作?各小组依次展示完毕,我会根据小组成员的表现分别打分,同样算作平时成绩。

课后作业我布置了知识型和实践型的双重任务:

其一,学生两人一组,小组成员分工合作,共同协作完成习题作业。学生可通过网络平台将习题拍照发给教师,教师收到小组成员的作业照片及时批改、做出批注并给予反馈。

其二,采访自己的同学或朋友的家庭成员的工作情况,录音并在表格中记录具体情况。在采访结束后,班级学生每人提交一份表格、一段录音。评价采取"小组互评+教师评价"的方式,先请小组成员之间互评,之后教师再听录音,核对相应的表格内容,及时指出不足并反馈给学生。

第九课的教学内容全部完成后,我设计了一个调查问卷,请学生对课堂内、外的互动活动进行评价。学生们的评价都非常积极,诸如"很棒""足够吸引人""虽然线上教学很难,但是老师尽力做到了最好"等。看到学生们的评价,我心中既感动又有成就感。

教学反思

在国际汉语教学中,引人入胜的课堂互动活动十分重要,它不仅能够调动学生的主观能动性,还能增强学生的学习兴趣。由于线上汉语教学起步晚,经验较少,受时空所限,课堂活动难以实施,学生互动性相对较弱,因此如何最大化利用多媒体网络资源,增强线上课堂的互动效果值得深入思考与探究。

我通过充分开发 Microsoft Teams 线上平台的功能,在课前、课中、课后各个阶段,将交互式教学法贯穿于汉语课堂教学中,在各个教学环节设计了多种多样的训练活动,促进了师生、生生,以及学生和平台之间的交流互动,营造了愉快的课堂氛围,提高了线上汉语教与学的效率。

下面,我主要就"教师如何在交互式教学法的指导下开展课堂教学活动"进行具体分析。

课前阶段,我上传学习资源,布置预习任务,学生下载资源,自主学习,实现学生与教学平台的交流互动。我发布相关话题,学生在帖子下面自由讨论,实现学生与学生的交互。预习过程中,学生往往会遇到各种各样的问题,即使借助多种方法,如查看课本、字典和检索网络等,也会存在无法解答的疑惑或问题。这时,学生便可以发私信或邮件向我求助,由我来帮忙答疑解惑,继而实现学生与教师的交互。

课中阶段,我设计了线上课堂活动,精讲多练,以巩固学生们所学的语言知识。为巩固语音,通过"你点我读"小游戏,将鼠标授权给小组成员,两人一组,合作完成,实现生生交互、人机交互。为增加词汇学习的趣味性,我利用 Flash 动画技术设计了"青蛙过河"等游戏,请学生们接力读出生词,还让小组之间进行比赛,实现生生交互。在讲解课文时,我根据课文内容创设情景,请学生们进行角色扮演、对话、朗读,实现生生交互。在课堂展示环节,请学生们用中文为大家介绍家庭成员的工作情况,小组成员互评,实现人机交互、生生交互。

课后阶段,针对知识型作业,我为学生们批改练习题并及时给予反馈,实现师生交互。针对实践型作业,在学生完成后先进行小组互评,再由我指正,实现生生交互、师生交互。

总之，我通过开发平台的教学功能、设计教学活动增强了课堂互动性，最终，赢得了学生们的肯定，改善了线上汉语教与学的效果，这是最丰硕的成果与收获。

教学建议

在线上汉语教学中，要充分调动学生的主观能动性，让学生有更多的参与感和获得感。

以学生为中心，设计生动有趣的线上课堂活动，促进师生交互、生生交互、人机交互，激发学生的汉语学习兴趣。

线上汉语教师应多学习多媒体技术，提高线上教学技能，引入"互联网+"并采取相应措施落实。

线上汉语教师要团结协作，集思广益，取长补短，开发出更系统、更具特色的线上汉语教学课件。

专家点评

线上课堂师生互动效果受人机交互、资源内容、教学方法、学生特征等多方因素影响，而在诸多变量中，教师是最关键的因素，对资源的利用与整合、对互动活动的设计与调控、对学生的鼓励与调动、对方法的使用与变换等均有赖于教师。

教师的信念与工作态度是罗老师线上互动教学最终取得突破的重要驱动力。案例中罗老师面对的匈牙利佩奇孔院汉语兴趣班的学生大多数性格腼腆，再加上对自己的汉语水平不自信，往往比较排斥打开摄像头，加之罗老师所使用的线上平台 Microsoft Teams 虽通信功能较好，但教学功能单一，没有"签到""提交作业与反馈"等功能，久而久之，这些因素都将对师生互动产生负面影响。

一开始罗老师在课堂上多次鼓励学生打开摄像头，积极参与课堂互动，但是收效甚微，罗老师担忧"长此以往，课堂的互动性难以强化，师生、生生之间的情感也难以升温"，线上汉语课堂很容易变成教师的"一言堂"，因此，经过反思，罗老师开发了 Microsoft Teams 平台的多样化教学功能，同时将交互式教学法运用于线上汉语课堂中,针对教学课件、教学内容、教学方法、教学对象等做了精心准备。我们可喜地看到,通过不懈努力,罗老师最终获得了学生们"线上汉语课堂中的活动很棒,我喜欢参与课堂互动。"的肯定性评价,这一成就的取得有赖于围绕情感交融主线得以贯彻落实的理念与实践:

其一,互动意识,贯穿始终。不论是对平台互动功能的开发,还是导课环节的"猜一猜都是谁最喜欢的工作",以及词汇环节的"青蛙过河"游戏、作业环节的"介绍家人的工作或职业",还有课前、课中、课后环节的互动任务,均给学生提供了开展互动的平台和机会。

其二,翻转课堂,提前预热。课前阶段,罗老师通过上传学习资源、布置预习任务、发布相关话题、答疑解惑等,激励学生自主学习、自由讨论。课中阶段,罗老师设计线上课堂活动,与课前的资源相衔接,精讲多练,如为巩固语音,通过"你点我读"小游戏,教师将鼠标授权给小组成员,两人一组,合作完成。针对提前发布的话题"请谈一谈你们最喜欢的工作",在正式上课那天,有学生跟帖的相关图片做基础,学生的表现让课堂气氛一下子就热烈起来。课后阶段,教师批阅兼小组互评,对各项作业及时反馈,实现了师生交互、生生交互。

其三,游戏教学,寓教于乐。在导课、语音、汉字、词汇、课文等的各个教学环节精心设计恰当的游戏互动操练,在轻松的氛围中增强学生的参与感,在趣味竞猜等活动中打消学生的顾虑,并在竞争中增进了学生之间及师生之间的情感,营造了良好的班级学习氛围。同时,进行上述教学设计和课件制作需付出大量的精力,也需要制作动画等综合的数字能力,体现了罗老师勤业、敬业的精神。

其四,团结协作,情感交融。引导学生们通过展示汉字书写而坦然出镜,加强师生及生生之间的亲切感与在场感。课文讲解环节创设情景,请学生们角色扮演,学生们在默契配合与团结协作中获得了知识并增进了情感。

其五,创设情景,引导鼓励。例如,根据课文内容"表述小猫和小狗的位置"打造了线上家庭场景,在平台上展示出一幅家庭场景的图片,请小组成员"伯耐特"和"爱思特"运用所学知识为大家展开角色表演。在学生们角色扮演的过程中适时、适当地点拨每一个小组成员的具体表现,多引导、多鼓励,让学生们感受不同角色的语言表达的趣味性。

其六,把握关键,勇于尝试。磨刀不误砍柴工,开发平台的教学功能是提升课堂互动性的关键。罗老师通过查阅文献资料,以及主动与线上教学的同事交流探讨,尝试开发了 Microsoft Teams 平台的多样化教学功能,最大化实现了学生线上的交流互动,体现了罗老师具备完善线上教学手段的数字能力,以及把握症结、勇于突破的探索精神,也展现了年轻教师的职业信念与蓬勃朝气。

思考与讨论

- 你认为线上教学的专用型平台应具备哪些功能?
- 在本案例线上课堂教学的各个环节中,教师采用了哪些方式方法?取得了怎样的教学效果?
- 除了案例中出现的课堂活动,你认为在线上汉语教学中还可以设计怎样的课堂活动来增强学生的互动性?

老师,讲慢一点儿,我们听不懂!

导读:在第二语言学习过程中,成年人相对于儿童理解能力更强,但是所有成年学生的理解能力都很强吗?刘老师本以为与已经学过近一年汉语的留学生沟通、交流会相对顺利,然而学生却出现了听不懂、跟不上的情况。那么,面对汉语水平参差不齐的学生,教师该如何应对?又该如何把控课堂进度?下面让我们走进刘老师的线上课堂,看看她是如何解决问题的。

案例背景

课型:初级汉语综合课。

教学内容:《汉语教程》(第一册下)的第二十六课"田芳去哪儿了"。

教学环境:教师处于目的语环境,教学对象身在巴基斯坦;汉语作为第二语言教学。

教学对象:全班共30人,男生较多,女生较少,年龄在18~25岁,来自巴基斯坦;临床医学专业,大学本科二年级,已经有近一年的汉语学习经历;学生汉语水平参差不齐,少数学生汉语水平较高,课上较为活跃;多数学生汉语水平较低,课上较为沉闷,课堂活动参与度较低,处于被动学习的状态。

教学方式:腾讯会议线上平台直播教学。

教学语言:主要采用汉语授课,因学生汉语理解能力较低,教师在教学过程中会适当使用英语加以辅助。

教材:本次案例课程所用教材是北京语言大学出版社出版的由杨寄洲主编的《汉语教程》(第一册下)。根据教材说明,这本教材适用于第二学年学习汉语的学生。

案例描述

在收到即将开始在线上为巴基斯坦学生教授汉语的消息后,我一直怀揣着激动的心情,心想都是成年人,并且还是已经学过近一年汉语的学生,汉语水平应该不错,我用中文与他们正常交流应该是没有问题的。

在听过几节实习指导教师的汉语课后,我依然对即将到来的"危险"浑然不知。按照实习安排,我需要一周讲四次课,这四次课需要完整地讲完一课内容,包括词汇、课文、语法和练习等内容。为保证课堂教学顺利进行,我预先做了课堂模拟,对本次课程的开展也信心满满。

终于,正式授课开始。第一次课我讲的是词汇。在我仅带领学生学习完一遍生词后,大家便可以自行朗读出来。果然是学过汉语的留学生,我十分欣慰。朗读完毕后,我开始逐一讲解生词,作为一名汉语国际教育专业的学生,我想我所学的汉语知识终于可以派上用场了。

于是,我按照词性对本课的生词进行了分类,自认为很专业地逐一讲解了名词、动词、形容词等。但是讲着讲着,班上学生的回应声逐渐减少,我不以为意地依旧沉浸在自己关于"专业词汇"的讲解中。转眼,90分钟的生词课便接近尾声,我问学生:"这节课的生词,你们都学会了吗?"班级里有两名学生积极地回应道:"学会了。"但是,其他学生却没有一点儿回应。为避免尴尬,我草草结束了我的生词课。

终究是我太天真了,刚刚结束完词汇教学课,实习指导教师便打电话来告诉我:"词汇不能那么讲,太专业了,学生怎么能知道什么是名词、动词和形容词呢,你得用通俗的语言讲,这个班级的学生汉语程度是不一样的,你讲得太快了,得慢一点儿……"听完指导教师的话,我陷入沉思:他们真的听不懂吗?是我的语言太专业了吗?面对已经学过汉语的成年留学生,我该怎样开展教学呢?

还没来得及深思熟虑,就迎来了我的第二次汉语课,本次课的主要教学内容是课文。在上课前,我先让学生对生词进行了朗读复习,朗读效果很好,可是当我提出谁愿意主动用词汇造句时,课堂陷入了沉寂。

我主动选择了一名通过HSK 4级考试的学生让他进行造句,他造的句子非常标准。但是仅有一名汉语程度好的学生是不行的,总归是一个集体,于是我继续发问:"谁愿意再造一下其他句子呢?"没有学生回答。我心想那就点名字吧。但是,在看到学生长长的英文名字后,我开始退缩,万一读不对学生的名字岂不是会被嘲笑?就这样我开始自己造句来缓解尴尬……

接连而来的还有第三次难熬的语法教学课。由于之前两次失败的上课经历,我对这个班级学生的沉默司空见惯,心想:"语法教学课不也就90分钟嘛,大不了我继续唱独角戏。"果然不出所料,和我互动的学生仅剩下一名,我再也忍不了了,问道:"你们能听懂吗?有没有人回答我?"

终于,学生们开始说话了:"老师,你讲慢一点儿,我们听不懂。"仅剩的和我互动的那一名学生说:"老师,我能听得懂,但他们听不懂。"

听到这儿,我开始慌了……课程结束后,我满是懊悔和难过,懊悔自己没有一开始就发现这个班级存在的问题,没有把指导教师的提醒当回事儿,难过自己作为新手教师没有把课程讲好。不过,我也马上调整心态,告诉自己,真正的勇士敢于面对各种挑战。既然找到了问题,那就要解决它!

我回忆之前课堂的问题所在:第一次课教学语言太过专业化,第二次课学生沉默,第三次语法教学课学生听不懂。这几次授课呈现出的问题都在提醒我,接下来的教学无论如何也不能再失败了。为了保证良好的授课效果,我吸取之前的经验,决定对班级的学生进行一次大调查:

第一步,了解学生。比如Shababu总会私下问我汉语问题,汉语表达能力和听力都很好,发音也很标准,每次都会提前预习课程内容,学习汉语的积极性也很高。Yasir的汉语基础较好,但是属于后知后觉型,需要我多次强调才能理解。Muhamu的汉语水平较低,在简单的汉语生词和课文的跟读上没有问题,但在语法理解上却存在很大困难,由于听不懂教师讲的内容,于是恶性循环,汉语学习积极性不断减弱……我把了解到的学生信息逐一进行整理记录。

第二步,化无声为有声。学生不理我,我就要主动理学生。因为是网课,我开视频着实会有些尴尬,学生的注意力也一定会被干扰,教学的顺利完成则会更加困难。那么,就把重点放在PPT内容上,借此激发学生的兴趣或许是个不错的主意。

第三步,解决学生跟不上的问题。汉语程度较低的学生,我总是提问他们,他们自己害怕犯错,一定会继续保持沉默。如果只提问汉语程度高的,忽视其他学生,也是不公平的。学生的汉语水平虽然不同,但总归是大一学生,学习积极性还是有的,或许生生互助可以改变这一现象。

果然我的努力得到了回报!

在又一次的语法课上,我对原有的授课内容进行了调整,删去了专业的语言表述,插入了较多图片和情景,并且在正式讲授语法之前听取了指导教师的意见,在确定PPT和授课内容没有问题之后才开始讲课。

导入环节,我用日常生活场景作为切入点,询问学生方位,并向学生讲解了有关四合院的知识,这样一来,使得教学内容在贴合实际的同时又穿插了中华文化,吸引了学生的注意力,又检验了学生对知识成果的运用情况。

操练环节,考虑到班级学生的汉语程度有差异,我让汉语程度较高的学生带领汉语程度低的学生组队练习,这种方式密切了学生之间的关系,也促进了学生的共同进步。当学生出现语法表达错误时,我也尽量采用非必要不纠错的方式,以免挫伤他们的积极性;面对语音、语调和句型错误时,学生之间的相互纠错也让整节课的氛围变得更加轻松。后来,学生还要求自己组队完成练习与作业,生生互助效果很好。

相比之前的课堂,本堂语法课已然是非常顺利了,希望以后的汉语课能够越来越顺利。

教学反思

本案例中,虽然前三次线上汉语课都进行得不太顺利,但好在我及时进行了调整、改进与完善,使得最新一次的课堂教学顺利完成。当汉语课的教学对象是一个班级的学生,并且教学形式是线上时,教师如何把控教学进度极为重要。本案例反映出了线上课堂上教师与学生诸多方面的问题。

其一,我作为新手教师,在授课之初过于自信,对自己的认知不够清晰。案例中,我在正式上课前对学生和班级的了解不够,没有事先和指导教师沟通了解班级学生的基本情况。虽然在正式上课前自行模拟了上课流程,但是没有切合学生的汉语实际水平,对二语学习者采用了针对中国国内学生的授课方式,对正式的课堂教学也做出了错误的预判;并且,我在授课时缺乏对自身的认可与肯定,害怕犯错。其实,作为一名新手教师,难免会犯错误,但是不应因为害怕犯错就减少师生互动。案例中,当我面对学生的沉默时,为防止叫错学生的名字,便采用了自问自答的方式,实际上这对学生的学习是非常不利的。

其二,不同学生的性格和汉语水平各有差异,但我并没有做到因材施教。教师虽然应该总揽全局,但每名学生都是不同的个体,他们有自身独特的个性与学习风格。语法是汉语学习的难点,本案例中,我没有全面考虑班级的整体水平,以至于在语法教学时讲得太快,只有一名程度高的学生跟得上。

针对上述两大问题,我提出以下三点解决策略。

其一,汉语教师要树立正确的自我认知,面对困难要有抗压意识。

新手教师在授课之初要么过于自信,要么过于胆怯,教学经验较少,对于学生的了解也很少。本案例中,我最初对学生的期望过高,认为学生的汉语理解力应该较强,可以采用专业术语进行相应讲解,实际上,这种教学行为并不可取。

国际汉语教学不同于中国国内的语文课教学,国际汉语教师也不同于国内的语文教师。教师应树立国际化意识,具有国际化视野,在汉语教学领域具备较强的国际竞争力(李东伟,2019)。教师要重视学生的国别差异与性格差异,在教授过程中要尽量避免使用枯燥难懂的专业词汇,尽可能多地使用通俗易懂的语言。

其二,倡导生生合作的学习方法。

古人云:"三人行,必有我师焉。"更何况一个班级有那么多学生,每名学生身上都会有优点。受文化背景影响,亚非地区留学生在面对听不懂的知识时往往会选择沉默,若教师不能及时发现,久而久之学生的汉语学习兴趣与水平都会明显降低。合作学习无疑是促进知识理解的更好的方式,学生之间在相互提问与合作的过程中能够共同成长,对所遗漏的知识能够及时补充,也能够增进同学之间的友谊,利于班级良好氛围的形成。

后来我采用了分组的方式让学生组队学习,在此过程中,学生的学习主动性得以发挥,汉语程度较高的学生在帮助其他人的过程中能获得成就感,汉语程度低的学生也能更好地掌握知识。因此,教师要鼓励学生之间的交流和合作。

其三,教师要时刻秉承以学生为出发点的理念,密切与学生的联系。

学生汉语学习能力的强弱能够反映教师的教学能力高低。汉语教师教学的初衷是为了让学生学会汉语,因此要时刻关注自己所传授的教学内容是否能被学生接纳。在有条件的情况下,师生之间可以经常开展"闲谈"互动,教师主动与学生成为朋友,借机了解学生的真实汉语水平,进而化解学生上课回答问题时的畏难心理。在案例中,我正是在全面搜集学生的基本信息后才做到了因材施教,也因此收获了良好的教学效果,可见只有充分、全面地了解学生才能更好地教学。

教学建议

面对不同程度的汉语学习者尝试采用分层教学的方式。

随着汉语学习群体的扩大,学习者的学习动机也各有不同。在同一个班级内,有的学习者是为了通过各种考试,有的学习者是为了来中国经商或工作、定居,也有的学习者是因为对中华文化和语言怀有极大热情而到中国游学。再加上学习者的身份大相径庭,学生背景复杂多样,这无疑为班级授课制模式下的统一教学增加了难度。

分层教学为传统的班级授课制教学提供了新思路,它能够有力应对学习者的复杂情况,做到统筹兼顾,让所有学习者在完成统一的教学目标与教学内容的同时,获得自身专属的学习计划与训练方向,最终实现自身最大限度的发展,达到学习效果的最优化。

作为一名汉语教师,遇到挫折不气馁,保持积极的心态很重要。

汉语教师要对自己的汉语教学工作有一个正确的认知与评价。要树立良好的跨文化交际观念,明白在教学过程中出现各种困难是必然的,不能因此对自己的职业产生倦怠与怀疑,反而应当把错误当作机遇,从学生、自身、同事多角度、多方面了解失败的原因,把困难化作前进的动力,激励自己不断进步。

专家点评

从成功中学经验,从失败中学教训。此次案例表面上是讲述新手教师在教学实践中失败的教训,但是文章后半部分在某种程度上也是扭转局面的成功经验。失败并不可耻,重要的是我们从中学到了什么。纵览案例,我们能够得出以下几点结论。

第一,备课要事无巨细,不能怕烦琐。备课的好坏是决定一堂课教学质量、教学效果好坏的关键。有人也许会错误地认为教外国人汉语很简单,只要会说普通话就行。甚至有些教师的备课只是课前简单地浏览一下要讲的内容,至于教学环节的安排、教法的选择、教具的准备等都不多加考虑设计,而如此备课根本无法保证教学质量。

备课的重点之一是"备学生"。学生的性别、姓名、性格、年龄、文化背景、汉语水平、学习策略、学习动机等这些信息,都需要仔细分析。除此之外,还需要聆听教过这些学生的老教师的经验,这些都属于需要了解的信息范畴。尤其是刚刚开始一线教学的新手教师,更要事无巨细地将一切因素都考虑在内,不能怕琐碎,也不能像本案例中的教师一样,犯了"想当然"的错误,即虽然经验丰富的教师提醒在先,已告知教学对象的水平存在参差不齐的情况,但依然没有引起警觉,从而直接导致了前面三次课的失败。

此外,了解学生的汉语水平也非常重要。只有了解学生现有的汉语水平,才能确定讲课时所使用的词语、所讲语法知识的范围、讲课的语速和教学进度,确保达到好的教学效果。本案例中的教师就是错误地估计了学生的汉语水平,导致课堂上用词、用语与学生水平不符,上课效果差。

第二,教师的语言如果是有效的信息输入,教师的语速便要慢,要有适当的重复,并为学生留出反应的时间。教师应尽量少用学生没学过的生词和语法,少用低频词,对零起点的学生不应过多地使用专业词汇讲解语法理论。语速应控制在保证至少百分之八十以上的学生能听懂的程度,不宜过快或过慢:语速过快,大部分学生都听不懂,等于没讲;语速越慢,与自然语言的差距就越大,同样不利于提高学生的听力水平。案例中学生抱怨教师的语速过快,学生根本听不懂,整个课堂只有一名学生与教师互动,说明课堂上教师的语速是不合适的,对于大部分学生来说不能构成有效输入。

案例中的学生大多是巴基斯坦人,几乎全部身在巴基斯坦国内,本身缺少目的语语境,教师几乎是学生在学习汉语过程中唯一能接触到的讲汉语母语的交际对象。教师课堂用语的难度不符合学生水平、语速过快,是案例中三次课失败的一个重要原因。

第三,汉语作为第二语言教学与汉语作为母语教学是有很大差别的,二者不能混为一谈。作为具有专业背景的国际汉语教师必须很清楚这一点。刚刚进入教学实践的新手教师,往往很容易犯这一错误,那就是在刚开始讲解词汇、语法时,往往会使用一些像"形容词、动词、处置义"等此类语法词语,而对于初级汉语水平的学习者来说,这些词语无异于"天书",属于无意义的输出,不但不能取得好的教学效果,而且还会使学生产生畏难情绪,十分挫伤学生的自尊心。

汉语教师应该意识到国际中文教育本身是一种跨文化交际,同时也属于第二语言教学范畴,这与国际中文教育本科专业学生在大学四年学习汉语基础知识是截然不同的。对中高级阶段的汉语学习者适当地使用汉语语法词汇是可以的,但对于初级水平的学习者依旧使用专业词汇,就属于不专业的教学行为了。

第四,对于线上教学条件下的课堂互动,教师要开动脑筋,互动人数及频率要增加,互动形式要多样化。在线下课堂中,教师与学生的互动是即时的,教师可以在抛出问题后直观地获得学生的反馈,学生是积极的、懵懂的,还是迟疑的,一切都一目了然。相比之下,在线上课堂中,特别是在第二语言教学类的线上课堂中,师生互动受到诸多因素的影响。

首先,教师提问后响应时间拉长。在线上课堂中,课堂活动受到网线两端网速等客观因素的限制,学生接收信息、给出反馈的时间被拉长。学生在发出反馈之前,要先打开麦克风,这一简单的动作,实际上大大影响了上课的效率,降低了学生沟通互动的积极性,而线上教学恰恰对学生的自觉性、主动性、自主学习能力提出了更高的要求。

其次,相对宽松的学习环境对学生自主学习的状态提出了更高的要求。案例中可能是因为巴基斯坦国内的学生网络速度不理想或者卡顿,教师出于理解,并没有强制学生打开摄像头。在这种情况下,学生的状态较松散,这会造成课堂互动中学生的参与积极性不高。

在此情况下,有的教师为了完成教学任务、赶上教学进度,对于课堂互动的要求会逐渐降低,为了保证整个课堂教学内容的完整度,避免时间的浪费,教师会减少提问频率。也有的汉语教师摆脱不了传统线下教学方式的影响,课堂上花费大量的时间进行理论的讲授,教师的输出时间远远大于学生的输出时间,与学生缺乏互动,课堂互动方式单一、枯燥,师问生答成为主要的互动方式,这些问题在本案例中体现得非常明显。

那么,针对这种情况应该如何改进呢?本案例中的教师就及时做出了调整。简单地说,就是教师要主动尝试新的适合线上教学的互动模式,采取多样的互动方法,让学生主动、积极地参与到课堂中来,而这些互动也随机检验了学生的听课状态与学习效果。比如,在课前布置预习任务,课后作业采取录制微视频等形式。

同时,教师还应当充分发掘网络教学平台的优势与功能,例如,弹幕、讨论、分组、屏幕共享、视频连线、文字回答、语音回答等。调整单一的互动形式,向综合使用多种互动形式转变,不单单只是师问生答,也可以加入生生互动、生生互评、分组完成任务等,最终达到提高线上课堂互动质量、促进提升学生的学习效率、提高学生参与线上课堂积极性的目的。

案例中的教师在前几次课上将互动主要集中于已通过 HSK 4 级的学生身上,表面上看好像是保证了课堂秩序的安稳,保障了教学进度,实际上极大地影响了其他学生的学习热情,造成了互动对象少的局面,也影响了教师在与学生你来我往的反馈中推断其对知识的掌握程度,于学生的汉语学习是很不利的。

案例中的教师为扭转不利局面,不再专注于少数学生,而是主动了解各类学生特点,采用了多样的互动方式,具体问题具体分析,因材施教,对不同的学生提出的课堂问题不同,难易程度也不同,这样做极大地丰富了课堂互动,学生们也都参与到了教学活动中来。

此外,教师还可以在课下主动联系学生,督促学生上课和完成作业任务,通过聊天软件与学生沟通与交流,时刻了解学生的学习状态,及时解决学生遇到的问题。

第五,教师要从失败中汲取经验教训,及时反省、及时调整。

所有的教师都是从零开始进入教学实践中来的,犯错误几乎是必然的,面对意料之外的不理想情况,不可能每个人都能够"灵机一动",在当时就能掌握局面。能在课后不沉浸于负面情绪,详细分析失败的各个影响因素,提出有效的解决方案,有的放矢,逐个解决,就不失为一种成功。就像本案例中的教师,在失败了三次课之后,抛弃之前"想当然"的"轻敌"思想,潜下心来具体分析学生状态、课程目标、活动设计等因素,逐个击破困难,有效解决问题,才让线上教学渐入佳境。

能够正视失败,保持冷静,发现问题并解决问题,这是国际汉语教师必不可少且弥足珍贵的素质品质,所以此案例可以说是一次失败经验的分析,同样也是一次成功经历的分享。

思考与讨论

- 面对班级中不同程度的汉语学习者,教师应该如何开展教学?
- 新手汉语教师在教学中遇到挫折,该如何调整心态?如何重获教学自信心?

一个人的独角戏

导读：这是牛老师第一次为匈牙利学生在线上教授汉语课。大部分匈牙利学生的性格比较内敛，不爱主动开口讲话，因此教师在课前做了充分的心理准备，备课时也努力把课件设计得生动有趣，希望以此来拉近师生间的距离，提高学生的开口率。上课了，牛老师的备课效果到底如何呢？我们一起来一探究竟。

案例背景

课型：汉语综合课。

教学环境：匈牙利佩奇孔院设立于佩奇大学健康科学学院下，是一所以汉语教学和传播中医文化为特色的孔子学院，既开设了汉语综合课、中国茶文化、中国书法、中国旅游等汉语课程，又开设了气功、中医养生、中医理论与诊断、经脉与穴位、中药与方剂等中医课程。

教学对象：佩奇孔院本科一年级学生，共14人，既有匈牙利籍学生，也有老挝籍学生，年龄在18~20岁。他们出于对汉语的喜欢和好奇而选修了汉语课，汉语水平参差不齐，学习经历也各有不同，有零基础学生，也有在中国学过一年汉语的学生（几名老挝学生），还有在中国参加过暑期夏令营的学生。

教学方式：Microsoft Teams线上平台直播教学。

教材：本次案例课程所用教材是北京语言大学出版社出版的由姜丽萍主编的《HSK标准教程1》，该教材将HSK考试真题作为基本素材，语言自然幽默，所选话题实用有趣，课程设计科学严谨，体现了"考教结合、以考促学、以考促教"的理念。

案例描述

我接任这门初级汉语综合课时,学生已经学完四课,即将开始学习第五课。交接时,我向前任教师了解到,这个班的学生大多性格内敛,课上不爱主动开口讲话,而且他们不按语言课经常采用的"教师读,学生跟读"的模式学新课,基本都是教师讲,学生听。

了解到这些情况,我意识到第一节课很有可能就是我一个人的"独角戏"。为此我冥思苦想,怎样才能降低"陌生面孔"和"隔屏相望"带来的隔阂感,激发学生开口表达,也让自己的第一堂课不那么尴尬呢?再三思索后,我发现只能从PPT着手,尽可能把它做得生动有趣些。我把第一节课设置为复习课,主要复习前四节课学过的生词、句型,一是选取他们熟悉的人物(例如,汉语教师、国际明星等)的照片作为复习的素材,将重点词句以不同形式复现,通过反复练习达到让学生掌握的目的,二是以学过的课文作为复习内容,降低学习难度,增强学生上课的自信心。

除此之外,我还做了Word版的自我介绍,将自己的爱好、特长以图文的方式展示给学生,希望他们能够认识我、喜欢我。同时,进行自我心理疏导,第一次上课难免紧张,我想,如果作为教师的我都特别紧张,学生在课上会更拘谨、更放不开,只有以轻松愉快的状态上课,才能调动课堂气氛,提高学生的学习积极性。说着容易,做着难,古人诚不欺我,带着各种积极的心理暗示、甜美的微笑和内心的波澜起伏,我开始了第一堂线上汉语课。

尽管自认为已经做了充足的准备,课前也已经把学生名单写下来、读熟,但没想到学生的出勤情况并不是特别理想,我下意识认为,查看学生出勤率是教师在课前及课间休息时做的事,不能占用上课时间。所以时间一到,学生还没来齐,情急之下,我没来得及把第一节课的出勤名单记下来就开始上课了,导致在每次提问时都要退出PPT放映,然后返回主页面,查看上课学生的名字再提问,中间浪费了不少时间。

先复习第四课"她是我的汉语老师",对着PPT我问:"第四课的标题title是什么?"没有人回应,我以为学生没听懂,于是换了种更容易理解的问法:"第四课叫什么名字?"还是没有人回应,再问,依然如此。于是我只能自问自答,一边读一边在"她是我的汉语老师"一行字下面画线,连读两遍后,终于有一个人回应我,开始跟我读。到生词复习部分,我没有点名,直接说:"跟我读,她——"没有回应,缓慢复述一遍"跟我读",依然鸦雀无声,我以为学生还没掌握汉语中的指令用语,因此用英语做出解释,然而结果并非想象中那么美好,理想与现实的差距在于:还是没有人回应我。

即使之前有心理准备,一时之间还是感觉尴尬,课堂太安静了,总有一种课堂上就我一个人的错觉。我退出PPT放映,开始点名回答问题,学生很快就回应了我,一个字、一个字地跟读。

几次三番下来,我终于领悟到,只要是要求学生齐读,就不会有人读,但只要点名,立马会有回应。相较于齐读,学生更喜欢跟读或者两两配对练习,这样做的优势在于每名学生的读音教师都能听得很清楚,对个别存在问题的发音也能及时纠正,缺点在于没有浓厚的学习氛围,班级的凝聚力较低。此外,教师需要在课前就明了学生的出勤情况,以便课上更精准、高效地点名。

教学反思

一、备课是教学的第一步,是保证教学质量的前提

备课中研究教材和教学内容是十分重要的一个环节,同时,教学设计与教学方法的选择也是至关重要的,因此,"备学生"必不可少,教师应在课前全面了解班级情况,包括学生的名字、学生已经学习和掌握的内容、学生的性格等。以上是我在专业课学习过程中和书上了解到的,因此我在上课前与前任教师沟通,对学生进行了初步了解,有一定的心理预设,但由于缺乏教学经验,依然遇到了尴尬的事件——要求学生齐读时学生不予回应。经过一段时间的摸索后我才掌握了应对之法,这说明在备课方面依然存在欠缺。此外,在第一节课前,我应尽可能地记住学生的姓名,避免统计出勤率和课上提问时产生困扰,从而提高课堂效率。

二、课上要营造和谐、欢乐的学习氛围

我认为,第一堂课的成功与否不在于这节课上教会了学生多少语言知识和语言技能,而在于学生是否对我、对汉语学习、对课堂产生认同感。轻松的课堂氛围有利于降低初次授课所带来的拘束感、陌生感,从而提高学生的学习兴趣。

例如,语音教学阶段,声调是学习重点,声调不同,含义可能千差万别,我会在给学生纠音时抓住机会,采用恰当的方式解释不同读音的含义。这样,既可以让学生理解错误读音所表达的含义,又可以让学生牢记正确读音的意思,二者相辅相成。

三、课上我会有意识地提高学生的课堂参与度

学生的课堂参与度直接影响学习效率,也会在一定程度上影响任课教师的情绪与授课效果。发现课上学生对于齐读不愿配合后,为了提高学生的开口率,结合他们的性格特点,提高了点读的频率,让学生尽可能参与到课堂中来。

四、融洽的师生关系是教学成功的关键因素之一

"中途接课"对我来说是一项挑战,因为学生会不由自主地将前后两名教师进行比较。为了保证课程的连续性,课前我向前任教师了解了学生的情况,汲取教学经验,学习教学方法。这种做法不仅能够帮助我快速熟悉教学情况,而且能够增进我对学生的了解,以便尽快建立良好的师生关系。因此,在第一堂课上,我通过自我介绍向学生展示了自己的兴趣爱好和特长,让学生了解他们的新教师,从而信任我,认可我的能力与为人,为今后顺利开展教学奠定基础。

教学建议

中途接手一个新班级,由于先入为主等原因,学生可能会对新教师的教学方法、教学风格不太适应,甚至可能会出现情感上的抗拒。这就要求教师在师生磨合期主动调整,坚持足够专业和敬业的态度,善于进行情感上的投入和互动。多与学生沟通交流,了解学生的基本情况、学习偏好等,增强学生的信任感。

授课前认真备课至关重要,但平时的积累也不容忽视。教师平时要善于接受新事物,吸纳新知识,还要在学习、生活、工作中做个有心人,处处留心观察、积极思考、踏实积累。比如在上课或听课的时候,随时记录学生常犯的错误,在复习环节有针对性地提问,攻坚克难。

上好第一节课非常关键,开展有趣且高效的课堂活动可以化解第一节课由于师生双方的陌生感而产生的尴尬,尽快拉近师生之间的距离。因此,第一节课不一定要安排太多的新内容,可以考虑师生相互介绍或者做一些热身游戏,多安排一些互动活动,使师生双方在潜移默化中了解彼此,营造轻松愉快的学习氛围。

专家点评

虽然首堂线上汉语课的气氛"冷清",但新手教师的表现仍有不少可圈可点之处,其认真负责的态度和对教学细节的追求与坚持在课前、课中、课后均得到了体现。

首先,课前准备认真细致。课前的准备工作主要体现在以下三个方面:第一,认真研读教材。教师在拿到教材后并没有急于撰写教案,而是先了解学生已学和未学的知识,用心思考并设计教学内容,为自己的教学"首秀"定下目标和基调。第二,精心制作课件。师生初次见面难免感到生疏,加之线上教学"隔屏相望",更是在无形之中拉远了彼此的距离,面对这个问题,教师在课件设计方面下足了功夫,并制作了 Word 版的自我介绍,向学生介绍了自己,这样做确实可以在有限的条件下帮助学生快速了解教师,拉近师生距离。第三,主动了解学生。"备学生"是备课过程中至关重要的一环,教师"深谙此道",课前主动联系前任教师,虚心请教,力求提高备课的效率,增强教学设计的针对性。但由于前任教师也是新手教师,受限于个人的教学经验,对学生的看法难免存在一定的主观性和局限性,因此,建议新手教师还需要向经验丰富的教师请教。总而言之,教师在备课时综合考量了各方因素,将教学对象、所用教材、教学环境、教学平台等要素纳入了一个整体的课程设计系统之中,而非孤立地看待某一要素,这种从全局出发的教学设计思路非常值得新手教师借鉴。

其次,课中引导耐心坚持。从案例描述中我们可以看出,"如何提高学生的开口率""如何引导学生多开口表达"始终是牛老师关注的问题,无论是课前的教学设计,还是课中的教学实施,该教师一直在围绕学生的"开口率"下功夫,这说明她具有较强的二语教学意识。教学过程中,尽管受到教师教学经验不足、线上教学互动存在局限、"初次见面"学生较为拘束等因素影响,牛老师在几次试图引导学生开口表达时都吃了"闭门羹",但她并没有轻易放弃,而是反复尝试,坚持想办法让学生开口以实现互动目标,展现出了较强的责任心与耐心。

最后,课下反思积极用心。该教师在课后及时反思首堂课教学的得失,一方面总结教学中的优点与经验。例如,她关注到课前积极了解学生、课上提高学生的参与度、为学生营造和谐愉快的课堂氛围是非常重要的,也明确融洽的师生关系是顺利开展教学的重要基础。另一方面分析教学中的失误与不足。由于对教学平台的操作不够熟练,加之首堂课的紧张情绪,教师在课中点名时浪费了较多时间,课下反思时她关注到了这一点,提醒自己要尽快记住学生姓名以提高课堂教学效率。此外,教师针对课中的互动方式也进行了反思,后续上课结合学生的特点,探索出了更为合适的互动形式。教学反思对教师来讲是非常重要的,通过教学反思,教师既能探索、提炼、延伸知识,把实践经验理论化,又能对教学不足进行及时"诊断",以利于今后矫正,提高教育教学水平。因此,我们建议教师在课后对教学过程积极反思,并把教学体会和经验总结经过提炼之后记于教学日志中,一方面作为自己成长进步的参考资料,另一方面其也是改进教学的第一依据。教师若能日积月累,长期坚持,必能厚积薄发。

在这篇案例中,最令教师感到头疼的问题莫过于学生课上太过"安静","不回答"教师的问题,"不配合"教师的指令,互动较为困难。当然,我们可以多方考虑,尝试归因,例如线上教学受环境限制,互动所依赖的灵动、自然、共享的情境不复存在,学生开口互动不如线下方便、热烈;师生"初次见面",学生有陌生感和紧张感,课堂表现较为拘束;匈牙利学生在与教师交往初期较为内敛,不是那么开朗主动等。这些因素都有可能给互动造成一定的困难,但是,上述原因真是造成案例中学生"不开口"的主要原因吗?我们不妨来看一看牛老师在教学中的具体做法:

在复习旧课时,牛老师提出了一个问题:"第四课的标题 title 是什么?""标题"一词在《国际中文教育中文水平等级标准》中属于初等三级词汇,而该班绝大多数学生的汉语水平尚处于起步阶段,这个问题显然超出了他们的理解范围,学生听不懂教师的问题而无法做出回应属于情理之中。见学生没有反应,牛老师变换了一种自认为更容易理解的问法:"第四课叫什么名字?"然而这句话并非汉语的规范表达,只是套用了学生刚学过的"……叫什么名字?"这个句型,因此学生极有可能依然听不懂。出现这样的情况说明教师对学生的汉语水平了解不够,估计不足,设计的问题难度高于学生的汉语水平。此外,所提问题目的不明,针对性不强。"第四课的标题 title 是什么?"这个问题不具有交际性,即便学生可以理解并做出反馈,也达不到交际、练习的目的,因为答案从教材中即可找到,无法考查出学生语言知识的实际掌握情况及真实的交际能力。这样的问题属于展示性问题,建议教师多设计参考性问题,增加参考性问题的比重(复习环节更应如此),从而有效锻炼学生的语言组织能力、表达能力和交流能力,提高学生参与的积极性。例如,此案例中,教师可以通过图片展示及设置相关情景来引导学生表达第四课的重点句型——"她是谁?""他是哪国人?""你的汉语老师叫什么名字?""你的中国朋友是谁?"等。图片与情景应生动形象,与学生的日常生活紧密相关,激发学生的兴趣与表达愿望。

提问是语言课教学启动环节最重要的动力元素,教师的提问对于促进师生互动与交流,以及考查学生的学习情况有着重要作用。提问的目的是促使学生能够花费最小的努力理解问题,却能最大限度地自如说出所掌握的语言知识。在线下教学中,教师提问时可以辅助一些肢体动作、表情等来传达信息,这样学生更容易理解,但是线上教学条件有限,教师只能通过文字或语言表述与学生交流,缺乏一定的辅助性手段,在这种情况下,提出的问题更应注重简洁性、可理解性、针对性,因此,新手教师在线上教学开始之前要下大功夫"备问题"。备课时不备问题,不去精心设计问题,上课时就容易出状况。学生课上是否愿意开口、是否能够顺利表达,关键在于教师的引导。本案例中,牛老师在提问时的表现暴露出了专业知识不足、教学方法欠妥、教学经验缺乏等问题,是很值得我们反思的现象。

相比于线下教学,线上教学互动的局限性和困难确实是客观存在的,那么,如何消除线上教学的疏离感,提升网络课堂的"温度",营造集体学习的氛围,顺利地组织和落实课堂活动,在有所制约的前提下进行有效互动呢?对此,我们为教师在课前、课中、课后三个阶段可以采取的措施提供了一些建议。

一、课前搭建学习社区,通过多种渠道搜集教学素材并充分利用

由于线上教学中教师依赖真实情境发挥的空间较小,师生互动的真实感较为欠缺,针对这一情况,教师可以在课前通过社交平台建立班级学习群,结合教学内容在群里发布思考的问题与交际的话题,引导学生思考、准备,还可以在课前与学生交流、沟通,例如了解学生近期参加的活动、生活中的逸闻趣事等,并对这些即时信息进行加工、设计,将其运用在课堂互动中。课上互动时可以要求学生将摄像头打开,营造真实的互动氛围。这种建立班级学习群、了解学生背景、捕捉即时动态、营造真实氛围的方式,可以在一定程度上提高课堂互动效果。

二、课中充分利用授课平台的互动功能,鼓励学生积极参与

针对学生不主动发言的情况,教师可以尝试轮流提问的方式,即由回答问题的学生选择另一名学生接力回答,同时请其他学生在聊天框中进行文本性的回答,这种方式互动面比较广,学生不仅可以展示自己的观点,还可以对其他学生的观点做出回应和评价,提高了课堂参与度,有效促进了师生互动、生生互动。此外,针对班里学生汉语水平参差不齐的情况,可以请水平相对较高的学生充当"小老师",激发他们的积极性和引领作用,增强互动效果。教师还应积极发挥主观能动性,例如,在教学中善用面部表情和肢体动作辅助学生理解,调节课堂气氛;适时给予学生积极的反馈,且反馈应具体、明确,这样才能够真正鼓舞学生。

三、课后加大与学生互动交流的力度,将课堂教学延伸至课外

教师不仅要和学生在课中进行互动,也应在课后积极参与学生的作业辅导、问题答疑、主题交流等。教师可以多花一些时间给学生的作业写评语,对于他们的点滴进步要多鼓励。对于学生在课堂上提到的感兴趣的话题或者有趣的想法,教师可在课后与学生一起交流讨论。此外,教师还可以设计一些交际性的任务要求学生课下完成,以此来加强生生互动,例如,成立学习小组,在班级群里发布一些需要通过合作完成的学习任务——对话练习、角色扮演、小组讨论等,要求学生将任务成果以文本、音频、视频等形式在班级群里发布,师生、生生相互交流,互评互动。这样既增加了学生的练习机会,又锻炼了他们线上团队协作的能力,使得学生在虚拟空间中保持归属感,增强班级凝聚力。

该案例中的汉语课属于选修课,学生学习汉语主要是受兴趣所驱使,因此,教师在教学中应更多地考虑如何保持学生的学习兴趣和积极性。教学中除了完成教材内容外,还可以适当补充一些学生感兴趣的中华文化内容,例如中国的饮食文化、节日文化、名胜古迹、城市风光等。通过与教师的访谈我们了解到,教师会在课前进行精心准备,并在课上抽出一定的时间进行文化介绍,学生对此非常感兴趣,经常提出各种问题,有效地促进了互动交流,许多学生能够坚持学习汉语,进步显著。

思考与讨论

- 你在线上汉语教学中遇到过与本案例相似的问题吗?你是如何解决的?
- 如何加强线上教学的课堂互动性,提高学生的参与度?
- 与传统的线下汉语教学相比,远程线上汉语教学中教师和学生面临哪些新的挑战?
- 线上教学教师如何"备问题"?对于课堂提问的内容和方式,线上教学与线下教学是否存在差异?

沉默是"金"?

导读:这次线上授课李老师可谓是信心满满,因为上节课学生们的学习状态极佳,大家一起探讨问题,配合得十分默契。本以为学生们昨天的学习状态那么好,今天也不会差到哪儿去,可是现实却与想象完全相反。中国人常说"沉默是金",但当这种情况出现在汉语课堂中,沉默还是"金"吗?李老师好想大声对学生们说:"沉默不是金!"下面,就让我们一起去看一看,教师的汉语课堂上都出现了哪些小状况吧。

案例背景

课型:初级汉语综合课。

教学环境:教师处于目的语环境,教学对象身在巴基斯坦;汉语作为第二语言教学。

教学对象:华北理工大学国际教育中心的留学生。班级中男生较多,女生较少,年龄在18~25岁,来自巴基斯坦;临床医学专业,大学本科一年级,已经有一定的汉语学习基础;学生汉语水平参差不齐,少数学生汉语水平较高,课上较为活跃;多数学生汉语水平较低,课上较为沉闷,课堂活动参与度较低,处于被动学习的状态。

教学方式:腾讯会议线上平台直播教学。

教学语言:主要使用汉语授课,必要时使用英语加以辅助。

教材:本次案例课程所用教材是北京语言大学出版社出版的由杨寄洲主编的《汉语教程》(第一册下)。根据教材说明,本教材适用于零起点的汉语初学者。

案例描述

我接任这门初级汉语综合课时,学生已经学完了一部分课程,接下来应该学习第二十五课。在教学前,我利用一周时间旁听了该班四节汉语课,并在课下积极向实习指导教师请教。从指导教师那儿我了解到,这个班的学生是大一新生,学习热情较饱满,部分学生因备考 HSK 汉语水平考试,所以在学习态度上很积极。

不过,指导教师也特别强调:上午的课程与下午的课程不同,原因在于中国与巴基斯坦存在 3 个小时的时差。上午的课程安排在中国时间 10 点 45 分,这个时间恰好是巴基斯坦的 7 点 45 分,对于学生而言相对较早,有些学生刚从睡梦中醒来就开始上课,常跟不上教师的节奏与进度,因此教师自问自答的情况时有发生。教师提问完,课堂上一片沉默,没有学生主动回答问题,还有些学生的麦克风自始至终都保持静音,无论教师怎么呼叫都毫无回应,教师和学生两不相见,怎一个"难"字了得?

这一问题让我在上一节课积累下的自信心消减了一大半。对于学生而言,我作为仅有"一面之缘"的新教师,在权威上确实远不敌有资历的教师,那么当我面对自问自答的尴尬境地时,该何去何从呢?

和实习指导教师交流后,我一边备课,一边查询资料,想找一些好的教学方法来解决该班存在的问题。线上授课或许可以通过 PPT 的设计与制作吸引学生的注意力。于是在最新的课件中,我增加了少量的视频和图片,降低了练习的难度,更加突出了学生的主体地位,为学生设计安排了更多的表达机会。

在紧张的氛围中,我开始了我的第二次汉语课。本节课的教学内容是第二十五课的课文"她学得很好",为了方便学生理解,我还专门设计了很多生动、有趣的互动环节,但"事与愿违"这个成语从这节课刚开始我便深深体会到了……

时间一到,我向学生们热情地问好:"同学们,大家早上好。"然而无人回应。我以为学生没有听到我的声音,于是更大声地问道:"同学们,大家能听到老师的声音吗?"还是没有人回应。再问,还是沉寂一片。我一下子就慌了,指导教师的话在耳边不断回响:"没有回应是常态,不要慌。"

为了打破这样的沉默,我只能点名问了一名我知道名字的学生:"Shababu,可以听到老师的声音吗?"我满怀期待地注视着这名学生的头像,终于在十几秒后听到了该生的回答:"可以的,老师。"我悬着的一颗心终于回到了原来的地方,像抓住"救命稻草"一样赶紧回应了学生。我说:"既然大家可以听到老师的声音,那我们就开始上课了。"终于在我的不懈努力下,学生们断断续续回应了我,我也抓住机会正式开始了本节课的教学。

这节课的主要教学任务是课文,我首先带领学生一起朗读课文,在读课文的间隙,我不断提示学生可以打开麦克风跟教师一起读,结果一篇课文下来只有两名学生在跟着一起读,即使我早有心理准备,一时之间还是觉得十分尴尬。之前准备好的教学设计也被打乱,一些教学活动根本无法展开。在读完课文后,我问道:"谁想挑战一下,自己读一读课文?"又是十几秒的沉默,最后,终于在我不断地询问与漫长的等待中,一名学生读了起来……就这样,我在心惊胆战中度过了一节课,设计的互动环节没有用上便草草结束了。

学生为什么沉默呢?对他们来讲沉默并不是"金",那么是什么原因使那些学生一整节课始终没有打开麦克风呢?这让我陷入了深深的苦恼中。

教学反思

针对案例课堂中出现的沉默现象,课后我做出了如下分析与总结:

一、教师没有明晰自己的角色

这是我第二次接触外国留学生并对其进行汉语教学,同第一次一样,激动的心情不言而喻。因为没有更多的实践经验,在教学设计时,理所当然地认为学生会按我的计划,跟随我的步调完成既定教学任务与目标。然而当教学进度与学生的学习情况没有按照原定计划发展,我的情绪也逐渐变得焦躁不安,且不能当即采取有效措施让课堂状况有所改善。因此,作为一名汉语教师,首先要明确自身的角色与定位,不能将自己作为课堂的主体,让学生跟着自己的教学节奏来学习,而是要充分尊重学生的主体地位,使教学始终围绕学生展开,教学设计为学生服务,在保持教学节奏的同时做到随机应变。

二、以偏概全,没有具体事情具体分析

第一节课的顺利增加了我的信心,这种信心本来可以成为我未来教学的有

力支撑,但我却将这种信心变成了盲目自信,片面认为第一节课成功,第二节课及后面的课也会顺利进行,忽视了每节课的差异。因此,作为汉语教师,无论自己是否拥有丰富的教学经验,对于每一节课都要认真备课,不能以偏概全,不能用经验替代态度。在每次的教学设计上都要全面细致,把自己能想到的突发问题都整理出来,同时给出解决方法,避免出现无法应对课堂意外的情况。

三、稳住心态,教学状态不能被课堂意外情况影响

在线上课堂中我们不难发现,国外学生经常出现以下两个问题:迟到或旷课,教师联系不上;学生"挂课",实际在睡觉,教师怎么呼叫都没有回应。面对此类问题教师不能穷追不舍,因为这样会占用其他同学的时间,影响教学进度,这时应当即时调整自己的心态,继续按部就班地完成教学任务,并在课后及时与这些学生联系,强调课堂纪律,避免同样的问题继续发生。

四、对于学生的管理,要化严格管制为积极引导

对于学生的管理,我们不能一味专注于学生在课堂上会出现什么问题,以及我们该采取何种应对措施,因为学生的问题千变万化、层出不穷,教师很容易处于被动的局面。所以,教师应该在学生出现问题之前,根据其个人特征对其进行积极行为的引导,帮助他们形成自己的学习策略,从根源上避免问题行为的产生。这里的个人特征包括学生的国别、年龄、性别、语言学能、认知、焦虑、动机、态度、文化适应等。

五、课堂教学要充满趣味性

兴趣是最好的教师,教师引导学生学好汉语的关键就是激发学生的学习兴趣。在这节沉默的案例课堂中,虽然有些不可控因素,但最大的问题是教学设计存在问题,从一开始就没有激发学生对本节课学习内容的兴趣,没有将学生的注意力吸引到学习中来,学生越沉默,教师越慌张,一节课下来只得教师自导自演。

针对如何诱发学生对学习汉语的兴趣,提高学生学习汉语的主动性和积极性,我们可以根据学生特点、兴趣来丰富教学内容,采取灵活多样的教学方法,让学生在轻松愉快的环境中学习汉语;还可以经常性地组织一些课堂活动来活

跃课堂气氛,相同的游戏可以根据不同的教学对象、教学目的进行多种形式的改进,常玩常新。

教学建议

教学设计要合理,要符合学生的接受水平。
增强课堂趣味性,提高学生的参与度。
教师对学生的管理要刚柔并济。
教师要保持自身的积极情绪,营造良好的课堂氛围。

专家点评

线上教学成为国际中文教育的主要教学模式,一定程度上促进了国际中文教育事业的发展。

随着线上教学迅猛发展,很多教师在享受网络科技带来的便利的同时,也反映开展线上教学存在诸多困难,部分教师甚至认为线上教学根本不可能达到线下教学的效果。线上教学不同于线下教学,在线上,教师与学生之间隔着网络和屏幕,受网速的稳定性、平台功能、时差等因素的影响,甚至有时无法看到对方的表情与状态,线上课堂教学中互动也变得特别困难。

第二语言教学课堂中的互动是语言学习的关键。任何语言教学的最终目的都会落在提高利用这种语言进行交际的能力上。因此,好的第二语言课堂都会秉承交际性的原则,尽可能模拟现实交际场景,加强课堂上师生、生生之间的语言互动,以求提高教学效率与教学质量,最终达到提高学生语言交际能力的目的。教师需要在线上课堂上加强对课堂活动的设计,采用多种方式增加课堂的互动频率,以保证课堂的正常进行。

在近几年的教学实践中,一线教师们发现了线上教学的种种困局。首先是课堂上教师得到学生反馈的难度"直线上升"了。学生反馈时间被拉长了,反馈频率被降低了。由于网络设备、网速、时差等因素限制,学生接收与发出信息的时间要比线下课堂中长得多,其中的不确定性大大增加。在线上教学中教师点名要求某名学生来回答问题时,学生需要打开麦克风回答问题,这个简单的动作,也使得学生主动与教师沟通的概率被大大降低。

在不强制要求打开摄像头的课堂上,学生通常会降低对自己的仪态及其他方面的要求,专注度、参与度只能靠学生自觉。这也是为什么教师在课堂上提问后会出现无人作答的窘状,学生可能因网络卡顿被迫"卡"出了课堂,或者甚至有些自觉性低的学生有可能已经离开了网络设备前。

以上原因均促使教师们在上课前采取各种方法旨在提高学生学习的积极性、提高课堂活动质量。例如,案例中的教师就遇到了无人应答的尴尬场面,在这种情况下,在下节课到来之前,教师应该充分发挥主观能动性,主动解决这一困难。

教师作为课堂的主导,是线上汉语教学课堂互动的关键影响因素。要提高线上课堂的互动效率,提升课堂教学质量,实现课堂教学目标,国际中文教师必须着手加强自己的线上教学技能,这也将成为未来国际中文教师职业发展的重要取向,成为教师评估的重要指标。

众多国际中文一线教师针对线上教学模式中的互动问题展开了实践研究。例如,在本案例中,教师最常用的互动方式是课堂问答,这种师生互动比较单一、枯燥,效果并不是很好,调动不了学生的学习兴趣。由于线上课堂的特殊性,线下的互动方式,如问答式、话题讨论式等并不能让学生积极参与到课堂互动中来。因此,国际中文教师应该丰富线上课堂互动内容,增加课堂互动方式的多样性。

首先,教师在备课时应该做好充分的准备工作,选择学生感兴趣的学习内容,选择能调动学生感官和肢体共同参与的活动,课堂作业要易操作,总而言之,课堂互动内容要丰富、有趣,激发学生的学习兴趣,调动学生参与课堂讨论的积极性。

其次,课堂互动要能高效地利用线上平台工具。教师可以利用教学平台工具设计灵活多样的课堂活动,优化学生的互动体验;教师还可以建立线上交流社区,借助社区拓展教师与学生的交流空间,更好地实现师生的交流互动。

再次,线上课堂中学生与教师、学生与学生之间有屏幕相隔,缺乏真实的课堂环境,对学生的自觉性要求较高,很容易出现学生无法专心致志的现象。因此,线上课堂需要比线下课堂更加有趣、生动,以此来吸引学生的注意力。所以,如何使线上汉语课堂变得有趣是国际汉语教师需要探究的方向。针对课堂内容,教师可以适当引入音频、视频等课外资源,增加课堂的趣味性。在如今的数据化时代,网上有大量可以利用的有趣的教学资源,教师可以在课前准备好与所讲内容相关的图片、视频等资源,将其运用于线上课堂中,一方面可以帮助学生理解所讲知识或内容,另一方面可以增强课堂的趣味性。

最后,教师在设计教学互动方式时不应只考虑实施的便利性,也应该结合学生学习的特点和偏好去设计一些学生感兴趣的、能够吸引学生的互动方式。教学互动要增强学生的参与感,才能更有课堂氛围。由于线上课堂是学生独自对着屏幕上课,因此相比传统线下一群人坐在教室里面,少了上课的氛围,而良好的互动方式在一定程度上便能够很好地弥补这一方面的缺憾。除了"师问生答"这种单一的互动方式,教师可以多多设计分组完成任务、生生互问互答、生生互评等效果好的互动形式。

以上是对汉语线上教学增强互动性的建议。除此之外,国际中文教师还应该增强线上课堂监督和管理能力。不可否认,汉语线上教学使得教师在课堂上管理学生更困难了,教师作为监督者的角色被极大弱化,很难监控学生的实时行为,屏幕对面的学生全身心地集中在课堂上得不到保障。例如:有的学生线上签完到后,就不再专心于课堂,忙着玩手机或者干其他事情;有的学生签完到后就把麦克风关了,不听教师的授课内容,也不会参与课堂互动。线上课堂中有的学生出于隐私考虑或者其他原因在课堂上不愿意打开摄像头,学生的学习行为不能直观展现在教师的视野中,学生的学习兴趣不高,自主学习能力差,加上教师对学生的监管薄弱,在上课时,学生很容易出现迟到、早退或旷课的现象,这些问题都严重影响了线上教学的质量。

国际汉语教学环境十分复杂,不同国家汉语教学情况、教学理念差异较大(李东伟,2017)[1],此外,其复杂性还表现在不同国家的国情、民情、环境都有所不同。案例中初级汉语课的教学对象是巴基斯坦留学生,教师身在中国国内通过网络的形式进行线上教学。线上教学的影响因素本身就很多,而身在巴基斯坦的汉语学习者面临的情况更加复杂。根据案例中所说,时差是一个不小的问题。中国与巴基斯坦存在 3 个小时的时差,上午的课程安排在巴基斯坦时间的 7 点 45 分,对于学生而言相对较早;再者,在整个上课过程中,不停地有学生因为网络问题退出系统;另外,课堂上也不是每名学生都有与教师互动的网络条件。所以教师要提高线上课堂的质量,完成教学目标,必须将所有的因素都考虑进去,提前做好设计,特别是针对巴基斯坦留学生的具体情况要做好国别性的分析,即时调整自己的心态,全面、细致的同时也要随机应变,方能保证课

---

[1] 李东伟,吴应辉. 我国汉语国际教育硕士培养模式现状与优化策略[J]. 中国高教研究,2017(10):62-65.

堂进度的顺利推进。

思考与讨论

• 在线上汉语课堂中,如何应对教学对象不回应的问题?

• 线上课堂对教师、学生提出了怎样的要求?与线下课堂相比,有什么不同?

• 如何加强线上汉语课堂中师生、生生间的互动?

比沉默更尴尬的是……

导读：沉默现象在课堂中常常出现，教师在面对线上课堂中的沉默现象时，往往会更加无力。与传统线下课堂不同，由于教师不能对学生进行相对有力的约束，线上课堂的大部分情况下只能任由学生沉默，却无良药可医。本案例展现的就是教师在线上汉语课堂中遇到的典型的沉默现象。那么，是什么原因造成了这一现象？这一现象下所暴露的问题最终解决了吗？让我们跟随王老师的脚步，去她的最后一堂课看看吧。

案例背景

课型：汉语综合课。

教学内容：《汉语教程》（第二册下）的第二十课"吉利的数字"的课文。

教学环境：教师处于目的语环境，教学对象身在巴基斯坦、阿富汗、非洲国家或地区；汉语作为第二语言教学。

教学对象：全班共16人，男生较多，女生较少，年龄在18～25岁，来自巴基斯坦、阿富汗、非洲国家或地区；临床医学专业（英语授课），大学本科三年级，已经有近两年的汉语学习基础；学生性格内向、安静，课上缺乏主动性与积极性，多处于被动学习状态；大部分学生汉语基础薄弱，汉语水平仍处于初级阶段。

教学方式：腾讯会议线上平台直播教学。

教学语言：以汉语为主，以英语为辅。

教材：本次案例课程所用教材是北京语言大学出版社出版的由杨寄洲主编的《汉语教程》（第二册下）。根据教材说明，本教材适用于第三学年学习汉语的学生，符合本次教学对象的水平。

案例描述

这是我为2019级留学生上的最后一节课——第二十课"吉利的数字"的课文部分。其实在之前的几次课中我便明显感觉到,虽然进入课堂的学生人数并没有发生什么变化,但真正参与到课堂活动中的学生越来越少,到最后,课堂上便只剩下三名固定的学生一直在活跃着……

这是线上课堂没有办法避免的一种现象,线上课堂约束力有限。学生、教师都在屏幕前端坐,然而时间一长,教师虽仍旧坐在屏幕前讲课,但学生把麦克风一关,拒绝互动,教师也便不知道他们到底在做什么,可能在睡觉、吃东西、玩手机,甚至可能并未在屏幕前,而是去做其他事情了。线上课堂并不能像传统的线下课堂那样,教师可以随时随地对学生进行实质性的奖励,以激发他们的学习兴趣;也不能随时监督他们,使他们的注意力能够持续集中在所学内容上。

开始上课,我一如既往地带领学生对之前学习过的内容进行了复习回顾,然后便正式开始新课文的讲解,请学生自己来朗读课文(上节课已经完成语音纠正任务,并已下达任务以相声的形式来朗读课文)。等了好一会儿,依旧只是平时很积极的两名男生和一名女生参与进来,为了完成双人对话朗读,我只好以搭档的身份加入他们之中,和这名女生玛维莉亚完成了课文朗读部分。

课程按照计划顺利地推进:复习读音、纠音、重点词语回顾、长难句的理解与翻译、讲解段落的含义、课文重点内容的总结与提问。第二十课的课文部分主要由两篇长对话组成:"吉利的数字"和"宴会上的规矩"。这两篇对话包含着丰富的中华文化,学生们都很感兴趣。他们会根据自己想要了解的内容提出相应的问题,也想要弄清楚中国人吃饭时的规矩,还和我分享了他们国家一些数字方面的禁忌与饭桌上的礼仪。

还有最后一小段课文内容需要回顾便可以顺利结束本次课程时,姆汉发出了疑问:"老师,为什么你不找其他的人来回答问题,一直都是我们几个?"

我突然意识到自己课堂中存在的问题:太过于关注自主、活跃的学生,而忽视了其他学生。由于我对其他学生并不十分了解,因此一直采取的是自愿回答的方式。当我问到"有没有其他同学想要来试着回答一下这个问题?"时,换来的却是无比尴尬的寂静……这时,两名一直很活跃的男生给出了几个名字,让我点名提问,但是提问后换来的依旧是沉默,气氛变得更加尴尬了。

我并不知道是网络的问题还是其他什么原因,在停顿了十秒钟左右后,两名男生发出了笑声,姆汉说:"老师,他们都在睡觉,要扣他们的平时成绩!"我猜测,这可能就是学生之间的一种"恶作剧",于是顺水推舟,通过麦克风用力拍着手呼喊着:"大家都醒一醒,wake up,打起精神来,我们这节课马上就要结束了。"

下课后,学生用"开玩笑"的语气诉说的那句话一直萦绕在我的脑海里,难道这仅仅是一个他们对同学的"恶作剧"吗?这背后隐藏的到底是怎样一种真实存在的不良现象?是我的课程进度安排过快导致学生跟不上,才产生了这样的沉默与抵抗吗?还是由于学生本身对线上课程的懈怠……

那么,在线上课堂中,教师要如何保证每名学生都能参与到教学活动中来?又该如何有效去约束在屏幕另一端的学生的行为?面对不积极、不主动、不配合的学生,教师到底该如何调动其积极性?这一切都引发我不断思考,却始终没有找到足够有效的解决办法。

教学反思

在线上教学中,首先要面临与解决的便是距离问题,网络能够跨越的仅仅是空间距离,而师生之间的心理距离却无法通过网络来完全拉近。

由于缺乏面对面的接触,教师和学生的相互了解并没有那么真切。人不是机器,人类具有非常丰富的情感,教师和学生之间细微的感性认知有时会对教学产生很大影响。远程教学的距离感给教师带来很多方面的新挑战,由于教师和学生并不处于同一个空间,教师对学生的控制力度大大降低,学生很容易受到环境的干扰,一不小心就"溜号",这给教师的课堂管理带来了很大的挑战,教师需要用更多的精力来吸引学生的注意力,使他们的注意力牢牢集中在课堂内容上。

由于媒介的限制,尽管教师与学生之间可以进行互动,但是互动的质量跟面对面的交流相比会大大降低。那么对于教师而言,为了弥补网络媒介造成的损失,教师的语言、表情、手势、动作等便要表现得更加充分甚至夸张,才能尽可能让学生接收到足够多的有效信息。同样,由于学生的反馈不容易被教师察觉,因此教师需要对教学做出更加充分、全面的准备,同时要在教学中增加一些主动的反馈环节,以随时掌握学生的学习情况。

课堂提问是课堂教学和师生互动的重要手段。教师提问是一门艺术,良好的课堂提问能够激发学生的学习兴趣和动机,提高学生的课堂参与度,活跃课堂气氛,最终达到了解学生知识掌握程度的目的。

因此,针对课堂提问,教师应注意以下几点:

首先,教师要平等地对待每一名学生。可以根据问题的难易程度来选择提问的对象,给予他们均等的回答问题的机会。

其次,教师提问的方式要得当。良好的师生关系是课堂顺利进行的保障,因此教师要着力营造一种和谐、宽松的课堂氛围,建立和谐、民主、友好的师生关系。

最后,教师提问后要及时给学生积极的反馈。学生回答完问题之后,教师对学生的积极反馈有助于激发学生的积极性,提高学生的自信心,帮助学生正确地运用知识。

教学建议

在线上课堂中,教师应该向学生传达明确的教学指令,防止因指令不明而导致沉默现象的出现。

在线上课堂中,当学生不能对教师提出的问题做出及时回应时,教师应当及时更换相对简单的问题来进行提问,循序渐进,逐步引导学生回到最初的问题上来。有时,持续地等待与鼓励会适得其反,教师要辩证看待,理性取舍。

对于一些有表达欲望的学生来说,他们渴望在课堂上发言,但大胆、积极表达的背后往往又会出现很多表达问题,因此教师要对错误及时进行纠正。

受语言知识不足、母语干扰、文化差异等因素的影响,学生在说汉语时出现偏误是正常现象。事实上,他们正是通过不断调整原有的知识架构、不断内化新知识来习得一门新语言——汉语的。值得教师注意的是,对于不同的语言偏误,应该采取有针对性的、适当有效的解决办法,以维护学生的自尊心,进而增强学生学好汉语的自信心。

专家点评

随着我国综合国力和高等医学教育水平的不断提升,来华攻读临床医学专业(英语授课)的留学生数量逐年递增。据2017年3月中国政府奖学金来华留学业务工作培训班的数据,临床医学专业(西医)的留学生数量位列各专业之首,只有少部分为中文授课,大部分实施的都是全英语授课模式。2017 年 3 月 20 日,中华人民共和国教育部、中华人民共和国外交部、中华人民共和国公安部联合发布《学校招收和培养国际学生管理办法》,明确规定:"汉语和中国概况应当作为高等学历教育的必修课。"2020 年 4 月,中国教育国际交流协会国际医学教育分会制定了《来华留学生临床医学专业本科教育(英语授课)质量控制标准(试行)》,其规定的培养标准之一就是要求学生"掌握基本汉语及医学汉语知识,临床实习前汉语能力须达到《国际汉语能力标准》四级水平。汉语能力未达到《国际汉语能力标准》四级水平者,不得进入临床实习"。可见汉语教学在来华留学生学历教育中的重要性和必要性。案例中王老师教授的学生都是攻读临床医学专业(英语授课)的留学生,学生线上汉语课堂中沉默的现象普遍存在,值得深思。

课堂沉默指的是课堂教学环境中教师和学生所呈现出来的无声且无固定语义的非语言交际行为(刘向前,2005),包括积极课堂沉默和消极课堂沉默。积极课堂沉默指教师在教学过程中为达到某种教学目的的沉默或学生进行积极思考的沉默,这种沉默有利于教学目标的达成;消极课堂沉默指教师因对所教授内容不熟悉而出现的停顿,以及学生不认真听讲、不回答问题、不参与课堂互动等的沉默。我们这里研究的线上汉语课堂沉默属于消极课堂沉默,指学生在进行线上汉语学习时,在互动课堂中表现出的沉默不语、没有固定语义的非语言交际行为。这种现象不利于培养学生的汉语听、说、读、写、译技能,以及语言综合运用能力和跨文化交际能力,不利于培养学生的创新思维与创新能力,不利于教师进一步开展课堂教学。

针对留学生课堂沉默现象,在课程后续我们开展了以问卷调查为主,并结合课堂观察与个别访谈等形式的调查研究,选取案例中王老师所教学校的三个年级(21 级、19 级、18 级)的临床医学专业(英语授课)的留学生进行调查,共发放 255 份问卷,收回有效问卷 155 份,有效率约为 61%。

为提高问卷的信度和效度,从而得到科学、可信的研究结果:首先,调查问卷严格遵守量表编制理论与方法进行设计;其次,运用所设计的调查问卷对 19 级 3 班的学生进行预调查,根据测试结果对问卷题目进行修改,最终形成正式问卷进行调查。结果显示,虽然只有 3.87% 的学生不喜欢中文,但线上中文课堂沉默现象普遍存在,只有 13.55% 的留学生在课堂上从来不沉默,积极参与课堂互动,但绝大多数学生存在不同程度的沉默,课堂教学效果不尽如人意(图1)。

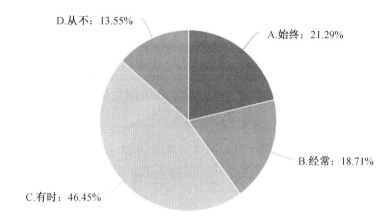

图1 学生在线上中文课堂上选择沉默的情况百分比

有关线上课堂沉默现象的研究,张林、温涛、张玲(2019)的实证研究结果显示,以能力不足、公众焦虑感、漠视心理、亲社会心理和防御心理为主的阻力系统是导致大学生课堂沉默的核心因素。张青、龙玉萍(2020)从学生、教师、线上课堂环境三个方面对学生线上沉默现象进行成因分析,认为学生知识基础的薄弱、学习风格的差异、学生自我效能感的高低、教师的教学风格、语言表达能力、教学的组织形式、师生关系等都是影响学生线上沉默的重要因素。

在此基础上,我们主要研究了参与线上中文课堂活动的能力、性格、社会心理特征、性别、教师的教学内容、教学方法、个人魅力,以及对中文和线上教学的喜爱程度对留学生线上中文课堂沉默度的影响效应,并得出以下四点结论。

一、男性留学生更倾向于沉默

在课堂上有时沉默和经常沉默的男、女生无显著性差异,但始终沉默与从不沉默的男、女生呈现出显著性差异,男性留学生更倾向于沉默。24%的男性留学生始终沉默,而女性则为10%,只有12%的男性留学生在课堂上从不沉默,而女性则为21%(图2)。首先,这是由于男、女两性在获得和使用语言等方面女性的言语能力比男性的更占有优势。相关研究表明:"从11岁开始,在言语流畅性方面,无论口语还是书面语,女性的优势越来越明显。"其次,该校来自巴基斯坦的留学生占95%以上,本次调研的参与者也是相同情况。来华留学的巴基斯坦女性留学生的家庭一般都较开明,居住在较发达地区,女性学生学习动机比较强,希望毕业以后能成为一名救死扶伤的医生。因此,这些学生不但中文学习成绩突出,而且其临床医学专业成绩也名列前茅。

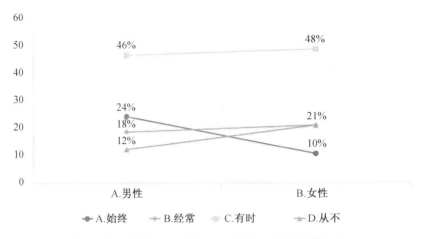

图2 男、女性留学生在线上中文课堂上选择沉默的对比

二、线上教学方式是留学生选择沉默的最重要的因素

91.93%的学生认为网课这种方式是他们在线上中文课堂上保持沉默的原因。这些学生经历了1年到2年不等的线上学习，每天从早到晚盯着屏幕，虽然屏幕那边传来的教师声音是那样热情洋溢，教学内容是那样生动有趣，教学手段是那样丰富多彩，学生对缺乏现实时空下的情感交流的网课渐渐从刚开始的新奇转变成现在的厌倦。另外，据访谈得知，学生所在地区网络不稳定，网速较慢，在直播课中经常卡顿，而且无法全程开启视频，这样，教师就不易观察到学生的学习情况，不利于教师对学生的监督。

三、学习者的个体因素显著于教师的教学因素

除了学习者的漠视心理所占比例稍低于教师所讲内容太难这一因素外，学习者个体因素（汉语知识的储备、社会焦虑感等）的比例均高于教师的教学因素（对教学内容的兴趣、教学方法、教师个人魅力等）的比例。41.29%的学生认为教师所讲内容太难是其保持沉默的原因，对教学内容不感兴趣和不喜欢教师教学方法的学生都只占15.49%，而因不喜欢授课教师导致沉默的学生只有3.23%。可见，学习者的个体因素是影响其参与课堂互动的重要因素。

四、学习者的防御心理与知识能力不足是主导因素

56.78%的学生认为害怕出错是其保持沉默的原因,54.84%的学生认为中文知识储备不够是其保持沉默的原因,之后依次是"当众讲话很紧张"(50.97%)、"不习惯发言"(43.23%)、"我的观点没必要让大家知道"(32.25%),可见防御心理与知识能力不足因素在学习者的个体因素中占主导地位。

害怕自己出错是一种防御心理,学习者特别在意别人的看法,总怕做错或说错,他们不希望别人觉得自己无知或无能。首先这是由于这类学习者内心渴望得到别人的认可和肯定,但不够自信,内心缺乏底气,缺乏安全感。其次这是由于中文知识储备能力不足。数据显示,中文知识储备不足与害怕出错有显著性的正相关关系($p<0.01$),二者之间关系密切(相关系数值为0.43)。

当众讲话紧张属于公众焦虑感,学习者因为"当众讲话很紧张"而回避发言;"不习惯发言"属于学习者的一种学习习惯;"我的观点没必要让大家知道"则属于漠视心理,学习者认为自己的发言没有必要和没有价值,因此选择沉默。数据显示,"能力不足"与"防御心理""公众焦虑感""习惯"之间均呈现出显著性($p<0.01$),并且相关系数值介于0.37~0.43,说明"能力不足"与"防御心理""公众焦虑感""习惯"之间均有着紧密的正向相关关系。与此类似,"防御心理"与"公众焦虑感""习惯""漠视心理","公众焦虑感"与"习惯""漠视心理",也有着紧密的正向相关关系。可见,学习者个体因素之间呈显著的正向相关关系。

综上,根据上述研究所探索得出的结论,针对留学生在线上中文课堂的沉默现象,我们提出以下建设性对策,供大家参考交流。

一、多管齐下提升学习者对线上中文课堂的兴趣

学习者不喜欢上网课是其保持沉默的最重要的影响因素,因此,我们要多管齐下提升学习者对线上中文课堂的兴趣。首先教师需要打开视频。这样不仅可以拉近师生之间的关系,而且在教授中文时,学习者可以通过观察模仿发音,教师可通过动作演示进行讲解,直观形象。其次充分利用线上资源。可以利用"大转盘""切水果""开火车""放大镜""连连看"等游戏操练语音、词汇、汉字,还可以利用动图、视频、动画呈现词汇、语言点等的情境,也可以利用分小组的方式进行情景表演、辩论等交际活动。

二、千方百计提高学习者的汉语听、说、读、写、译技能

调查显示中文知识储备不足是导致学习者保持沉默的重要原因,因此课堂上教师可以采用灵活动态的教学方法、丰富多彩的教学手段,将深邃的语言知识与技能化繁为简、化难为易,课后还可以推送一些小视频、微课供学习者自主学习。而学习者应该积极参与到课堂互动中,课下认真预习、复习,增加汉语知识的储备,组成学习小组共同讨论,还可以与中国学生结成线上语伴。

三、多方合作提高学习者的心理素质

任课教师、班主任、家长等多方合作引导学习者正确看待犯错,降低公众焦虑感,减少漠视心理。"人非圣贤,孰能无过,过而能改,善莫大焉。"引导学习者不论在生活还是在学习中,要经常对自己进行积极向上的暗示,不要担心犯错后别人对自己的评价,要正确看待犯错。教师与家长可多创造一些让学习者展示自我的机会,多鼓励,多表扬,通过慢慢尝试,让学习者不再畏惧在公众场合表现自己,养成发言的好习惯。

思考与讨论

- 案例中的留学生为什么会在汉语课上课期间睡觉?假如你是一名国际中文教师,在你的线上课堂上有类似情况发生,你会怎么做?
- 如何让学生重视你的线上汉语课?
- 如何在线上汉语课堂教学中为学生创造更多的开口机会?

你方唱罢我登场

导读：一提起"你方唱罢我登场",人们就会想到舞台、梨园子弟、戏曲。而在国际中文教育的线上课堂教学中,我们的主角是计算机、PPT、教师和学生。新手教师经历第一堂课"一个人的独角戏"之后,一直有意识地加强与学生的互动,通过课上师生默契的培养、课后师生亲密的闲聊,带领学生领略中华文化的多姿多彩,最终学生的学习情况和课堂教学效果如何呢?我们一起来看看吧。

案例背景

课型：汉语选修课。

教学环境：匈牙利佩奇孔院。

教学对象：佩奇孔院大学一年级学生,出于对汉语的喜欢和好奇选修了汉语课,年龄在18~20岁,有匈牙利籍学生,也有老挝籍学生。班级有十四名学生,性格较为内敛,不爱主动开口讲话,只有教师提问时才会发声,有七名学生经常准时上课,有七名学生自始至终从未露面。学生们的汉语水平不一,有零基础学生,也有学过一年汉语的学生,也有参加过暑期夏令营的学生。

教学方式：Microsoft Teams 线上平台直播教学。

教材：本次案例课程所用教材是北京语言大学出版社出版的由姜丽萍主编的《HSK标准教程1》。

案例描述

经过几个月的教学,我与学生之间已经建立起了不错的课堂默契。第一节课的冷遇让我意识到,要在每一节课上都不断加强双方的交流互动,同时根据学生的学习习惯不断改进教学策略。考虑到他们不喜欢齐读,只有一两个人开口,我把集体跟读训练改为"一对一"形式的点读训练,同时尽量记住每一次点读了哪名学生,方便后面提问别的学生,以免重复,同时,对每名学生容易读错的地方在课后做记录,用于下节课有针对性地训练和纠正。

针对生词或短语,我不点名,直接说"跟我读",如果学生没有立刻明白这句指令语,我会再说一遍,然后直接范读生词,停顿一两秒,就会有学生明白我的意图,随即跟我读。我也会根据学生的读音,对他们没有读标准或者容易读错的生词反复训练,几次过后便开始师生齐读。最后,我还会随机点两到三名学生读PPT上的生词或短语。如果生词或短语特别多,分成几组找不同的学生接龙读。针对学生的错误发音及时做标记,等到学生读完再纠音,学生一般也很快便能改正。对于学生反复没有读对的音,我也不会过度纠正,以免打击学生的信心。我会着重读两遍,等学生自己慢慢消化,下节课我会针对这一易错点继续训练。让我感到欣慰的是,只要是来上课的学生都在认真学习汉语,课上认真听,课下认真练习,每节课都有不一样的变化。

线上教学很多文化体验活动无法开展,一位有经验的教师建议我在课上稍微拓展一些文化知识,让学生感知中华文化的魅力。由于这是初级班学生,他们刚开始学习汉语,很多有趣的文化知识在课文中还未涉及,于是我以"衣""食""住""行"为主题,在每节课伊始花五分钟展示中华文化知识。这其中包含许多专有名词和丰富多彩的图片,如面食中的"面条""花馍""烧饼""油条""饺子"等,为了方便学生认识,我还标注了拼音。一开始我只是想让学生在有限的课时里接触更多的中华文化,通过精美的图片直观感受到中国饮食文化、风俗习惯的魅力就可以了,没想到在展示的过程中,有学生自发尝试跟我拼读这些美食的名称,刹那间我感受到一种惊喜沁人心脾,像是得到了某种鼓励和认可,我备课更有动力了。自此,学生开始习惯在跟我欣赏图片的时候,主动开口拼读这些词语,努力读标准,像是在表达着对这些美食的喜爱与向往。而我在备课的过程中也学到了许多之前不曾了解的食物,如花馍是中国饮食文化和风俗习惯完美结合的产物。精美、生动、可爱的花馍,让我领略到了中国饮食文化的博大精深，我也感叹于教学相长的魅力。

最让我感动的是在最后一节课上，自始至终，所有的学生在互不相识的情况下，竟像是提前商量好似的，不用我点名，只要我读PPT上的内容，就一定会有人紧跟着我读。只要我提了问题，无论点不点名，都会有学生回答，就连平常只要不点名一定不会开口的学生在那节课上也很主动。

从没有一节课上得如此顺风顺水，从没有感觉到一个半小时的课能过得那么快。对比第一节课一个人的自问自答，最后一节课上竟是你方唱罢我登场的有序场景。

课程的最后，我向学生们表达了感谢与陪伴，也陆续收到了学生们的感谢和祝福，字里行间，我都能感受到他们对我的认可和喜爱，于我而言，这无疑是最好的礼物。

教学反思

作为一名新手教师，刚开始摸不准学生的学习习惯，学生也无法一下子适应教师的教学风格，毕竟不同的教师教学风格是不一样的，因此学生与教师之间肯定会有一段磨合期，而这也是必经之路。

"阳光总在风雨后"，经过一段时间的磨合，我与学生已经培养出了不错的课堂默契，因此最后一节课才会如此顺利、高效。所谓教学相长，教师与学生一直以来都是相互促进、共同成长的。

俗话说："学无止境。"中国地大物博，教师也难免会遇到一些未曾见过或者不熟悉、不确定的事物，因此备课的过程也是学习的过程。教师在教学过程中对学生的学习动机、学习态度、个性、文化习俗的了解，在一定程度上可以加深教师对学生与跨文化的认知。学生在学习过程中既学习了汉语，又增加了对中华文化的了解和喜爱。

高效的课堂学习有利于增加学生学习汉语的自信心和成就感。最后一堂课上，学生与我密切配合，上课效率明显提升，学生开口率大大提高，这是学生汉语学习自信心增长的有力佐证。提高学生的课堂开口率有助于让教师了解学生的学习水平，查漏补缺，以便后续长期的汉语学习。

营造和谐友好的师生关系在国际中文教学中必不可少，学生对教师的喜爱和认可有助于增强学生的学习积极性。为了帮助学生拓展中华文化知识，每次我都会花费很多时间与精力去备课，也正是我对中华文化知识的精心设计，其在无形中形成的文化传播让学生受到感染,由此产生对中华文化的喜爱与认可,才有了跟着拼读那些专有名词的事情发生,而这也无疑是对我最好的回报。

虽然师生从未见面,但是他们正在以现有水平努力了解中华文化。因此全面了解学生的文化背景、学习状况,加深文化传播、碰撞与交流,有利于促进学生对汉语与中华文化的喜爱与认可。

教学建议

一、在反思中改进教学方式

"学而不思则罔,思而不学则殆",这句话用在教师的教学中也是如此。教学反思是以自己的教学活动和课堂教学实践作为思考对象进行全面、深入、冷静的思考和总结,是对自己在教学活动和课堂实践中所做出的行为决策以及由此产生的结果进行审视和分析的过程,是教师专业发展和自我成长的核心因素,是促进教师专业化发展的一条重要途径,是教师提高教学效率的源泉,是一名优秀教师在成长过程中不可缺少的重要环节。

二、多备课、认真备课、充分备课

全面备课应包括以下三个部分:

备教材:钻研教学大纲、词汇等级大纲等,着重了解教学时间、教学目标及甲级、乙级词汇;通读教材,把握教材编写思路;精读教材,注意前后文之间的联系。

备学生:根据学生的实际情况确定教学的重点和难点。以日本、韩国学生为例,加强听说时间,减少阅读时间。

备方法:要求教师按照教学环节,选取合适的教学方式进行课文导入、课文讲练等活动。

专家点评

情感和文化是增进汉语课堂引力的黏合剂,通过对中华文化、中国社会、中国人的讲解,有助于增强学生学习汉语的融入性动机。案例中佩奇孔院大学一年级学生出于对汉语的喜欢和好奇选修了汉语课,班级的十四名学生性格较为内敛,甚至有七名学生自始至终从未露面。面对这样的学生群体,保护和涵养其学习兴趣是重要课题。案例中,教师通过课上师生默契的培养、课后师生亲密的闲聊,营造了和谐的师生关系,在语言教学中带领学生领略中华文化的多姿多彩,促进了学生知华、友华,也使教学不再囿于掌握语言工具这一初始目标。这些成果都离不开教师的以下"用心":

第一,态度认真,全面备课。教师以增强互动为目标,不仅备教材,还备学生、备方法。除了准备《HSK标准教程1》的相关教学内容,还结合初级阶段学生的特点,准备了"衣""食""住""行"等方面的中华文化知识,并结合学生不喜欢集体跟读的特点调整教学策略,记住每次已点读的学生次序。

第二,积极反思,因材施教。第一节课的冷遇让教师意识到,要在每一节课上都不断加强双方的交流互动,同时根据学生的学习习惯,把集体跟读训练改为"一对一"形式的点读训练。针对学生的错误发音及时做标记,而对于学生反复没有读对的发音,也不会过度纠正,只是自己着重读两遍,然后让学生自己慢慢消化,下次课针对易错之处继续训练。

第三,流程顺畅,衔接紧密。教师在课上采用了领读、重点读、分组读、齐读、接龙读等不同方式朗读。比如教师说"跟我读",然后直接范读生词,停顿一两秒,就会有学生明白这一意图,随即跟读。根据学生的读音,把他们没有读标准或者容易读错的生词反复训练,然后再师生齐读。此外,还会随机点两到三名学生读PPT上的生词或短语,还会将生词分成几组找不同的学生接龙读。

第四,语言、文化,相得益彰。最初,教师以"衣""食""住""行"为主题,在每节课伊始花五分钟展示中华文化知识,只是想让学生在有限的课时里接触更多的中华文化。同时,还通过图片使学生更加直观地感受中国饮食文化、风俗习惯的魅力,在展示的过程中,学生会自发尝试跟着教师拼读这些美食的名称,并努力把词语读标准,促成了文化与语言教学的合二为一。

"有志者,事竟成。"案例中的教师从第一节课的冷遇到你方唱罢我登场的默契配合,我们看到了语言和文化教学对加强国际理解、增进师生互动的神奇作用,更体会到一名新手教师通过自我反思树立互动教学目标,逐步调整教学策略,细致落实教学实践的成长过程。

思考与讨论

- 案例中的最后一次线上汉语课,学生们为什么会出现"你方唱罢我登场"的局面?
- 针对线上汉语教学中的文化传播,你有什么更好的建议?

参 考 文 献

[1] 祖晓梅,邓葵. 基于二语习得理论和实证研究的课堂纠错反馈原则[J]. 世界汉语教学,2019(1):117-129.

[2] 陆熙雯,高立群. 对外汉语课堂互动中纠正性反馈对习得的影响[J]. 世界汉语教学,2015,29(1):95-110.

[3] 罗晓岚. 初级汉语课堂语音纠正性反馈研究:以马来西亚北方大学为例[D]. 北京:北京外国语大学,2017.

[4] 娄蓉. 试论纠错反馈策略在纠正韩国留学生语音偏误的运用:以 zh、ch、sh 为例[J]. 汉字文化,2019(12):54-56.

[5] 李东伟. 国际汉语教师专业发展中的问题与对策探究[J]. 黑龙江高教研究,2015(7):79-81.

[6] 彭万勇. 对外汉字字源教学法构建研究[D]. 重庆:西南大学,2009.

[7] 潘先军. 汉字电脑输入与对外汉字教学[J]. 汉字文化,2000(3):48-52,45.

[8] 靳洪刚. 从语言组块研究谈语言定式教学法[J]. 国际汉语教育(中英文),2016,1(1):22-36.

[9] 陈勇. "拼打"识字偏误分析及教学策略:基于智能电子产品的零起点汉字教学[J]. 汉语学习,2016(1):84-94.

[10] 刁静. 多媒体字源识字法在对外汉语教学中的应用研究[D]. 重庆:西南大学,2010.

[11] 郑艳群. 从《多媒体汉字字典》看多媒体汉语教学的特点[C]//钟林斌. 第五届国际汉语教学讨论会论文选. 北京:北京大学出版社,1997.

[12] 卜学海,任翔. 对外汉语视角下的"汉字连连看"游戏软件设计研究[J]. 云南大学学报(自然科学版),2012,34(S2):338-342.

[13] 李东伟,吴应辉. 国际中文教育相关专业外籍博士生人才培养研究[J].

天津师范大学学报(社会科学版),2022(6):24-28.

[14] 李东伟."一带一路"下的中华文化海外传播研究[J].人民论坛,2017(24):130-131.

[15] 李东伟,赵赛.对外汉语教学中的形声字教学方法探究[J].现代语文(语言研究版),2011(9):120-122.

[16] 江新,郝丽霞.新手和熟手对外汉语教师实践性知识的研究[J].语言教学与研究,2011(2):1-8.

[17] 王宏丽,陈海平.国际汉语教师的胜任力研究:任务分析和招聘面试问题归类得出的结论[J].河北大学学报(哲学社会科学版),2009(5):111-114.

[18] 李东伟.大力培养本土汉语教师是解决世界各国汉语师资短缺问题的重要战略[J].民族教育研究,2014(5):53-58.

[19] 李东伟,吴应辉.国际汉语教师人才培养状况报告(2015—2016)[J].辽宁师范大学学报(社会科学版),2019,42(3):30-35.

[20] 李东伟,吴应辉.我国汉语国际教育硕士培养模式现状与优化策略[J].中国高教研究,2017(10):62-66.

[21] 刘向前.论课堂沉默[D].曲阜:曲阜师范大学,2005.

[22] 张林,温涛,张玲.大学生课堂沉默的阻力与动力机制研究:基于560份调查问卷的实证[J].西南师范大学学报(自然科学版),2019,44(3):156-162.

[23] 张青,龙玉萍.在线教学中学生沉默的成因与对策探讨[J].湖南第一师范学院学报,2020,20(6):74-77,113.

[24] 祝敏.洋名字的"中国味儿"[J].孔子学院,2011(2):52-53.

[25] 刘军.趣谈外国人起中国名[J].对外传播,2012(2):56-57.

[26] 陈莹.国际汉语文化与文化教学[M].北京:高等教育出版社,2013.

[27] 王安琪.来华留学生中文姓名调查及取名优化建议[D].西安:西北大学,2019.

[28] 王紫轩.线上汉语教学非预设事件考察及对策探究[D].北京:北京外国语大学,2021.

[29] 鲁健骥.对外汉语语音教学几个基本问题的再认识[J].大理学院学报,2010(5):1-4.

[30] 杨兰章,白震.探讨游戏教学法在国际汉语语音教学中的应用[J].汉字

文化,2020(23):84-85,96.
[31] 李智强,林茂灿.对外汉语声调和语调教学中的语音学问题[J].国际汉语教学研究,2018(3):26-36.
[32] 王玥琪.新手汉语教师初级综合课教案分析[D].重庆:西南大学,2021.
[33] 宫洁.对外汉语初级综合课词汇教学策略个案研究:新手教师和资深教师的对比分析[D].上海:上海外国语大学,2020.
[34] 柯慧俐.文化视角下对外汉语词汇教学策略研究[J].汉字文化,2019(10):52-54.
[35] 王一茹.对外汉语新手教师网络教学中的问题及应对策略研究[D].济南:山东财经大学,2021.
[36] 崔希亮.全球突发公共卫生事件背景下的汉语教学[J].世界汉语教学,2020(3):291-299.
[37] 宫力.交互式语言教学研究[M].北京:清华大学出版社,2010.
[38] 徐彩华,程伟民.对外汉语教师自我教学效能感研究初探[J].汉语学习,2007(2):77-82.
[39] 祖晓梅.跨文化能力与文化教学的新目标[J].世界汉语教学,2003(4):59-66,3.
[40] 张红蕴.对外汉语教学中的师生关系研究[J].云南师范大学学报(对外汉语教学与研究版),2008(6):15-21.